El Test de Zulliger en la evalua

# Cuadernos de Evaluación Psicológica

Departamento de Evaluación Psicológica
Coordinadora: María Elena Brenlla
E-mail: psicometria@editorialpaidos.com.ar

Angélica L. Zdunic

# El Test de Zulliger en la evaluación de personal

## Aportes del Sistema Comprehensivo de Exner

2ª edición revisada y aumentada

PAIDÓS

Buenos Aires - Barcelona - México

Cubierta de Gustavo Macri

*1a. edición, 1999*
*2a. edición (revisada y aumentada), 2003*

©   1999, 2003 de todas las ediciones
     Editorial Paidós SAICF
     Defensa 599, Buenos Aires
     E-mail: literaria@editorialpaidos.com.ar
     www.paidosargentina.com.ar

Queda hecho el depósito que previene la Ley 11.723
Impreso en la Argentina - Printed in Argentina

Impreso en Gráfica MPS
Santiago del Estero 338, Lanús, Buenos Aires, en noviembre de 2003
Tirada: 1000 ejemplares

ISBN 950-12-5008-3

# Índice

# *Prólogo a la segunda edición*

Desde la publicación del libro *El test de Zulliger en la evaluación de personal. Aportes del Sistema Comprehensivo de Exner* se han ampliado los trabajos de investigación sobre el tema.

En el XI Congreso Latinoamericano de Rorschach y otras Técnicas Proyectivas, realizado en Rosario en 2001, se expusieron en un póster los datos estadísticos descriptivos de una muestra de 400 protocolos administrados individualmente a sujetos no pacientes, residentes en la Ciudad de Buenos Aires, con edades comprendidas entre los 18 y los 55 años. Este trabajo fue el primer paso para alcanzar otros dos objetivos que resultaban indispensables: a) elaborar la "Tabla para la Codificación de la Calidad Formal de las Respuestas" y b) discriminar cuáles eran *los valores estadísticos convencionales* en sujetos evaluados dentro de procesos de selección de personal. Para lograr esto último, se procesaron por separado los datos que correspondían a 300 sujetos evaluados en ese contexto.

Por otra parte, el Sistema Comprehensivo (SC) es un método para interpretar el Rorschach, que *está vivo*. Permanentemente se enriquece con los estudios de investigadores que, desde distintos lugares del mundo, realizan aportes que luego otros colegas pueden utilizar en su ámbito específico de actividad y resultan también una fuente de información útil para interpretar el test de Zulliger.

El objetivo de esta segunda edición revisada y ampliada es, entonces, poner al alcance de los psicólogos interesados en la utilización en el ámbito laboral del Test de Zulliger, evaluado según el Sistema Comprehensivo de Exner, una síntesis organizada de las últimas investigaciones que constituyen un aporte para la interpretación de la prueba.

La inclusión en el Apéndice de la "Tabla para la Codificación de la Calidad Formal de las Respuestas" y los "Estadísticos Descriptivos" constituye para mí una especial satisfacción. Quiero expresar especialmente mi agradecimiento a todas mis colaboradoras, colegas jóvenes que con su trabajo hicieron mucho más que ayudarme a concretar esta tarea: la confianza y el afecto que me demostraron fue y es un estímulo invalorable para seguir adelante. Es muy difícil nombrarlas a todas (es casi seguro que me olvidaría de alguna, y no quisiera ser injusta), pero quiero mencionar a cuatro de ellas, las históricas: María Martha Díaz, Carolina González Hren, Silvia Marino y Ariela Masri.

*Angélica L. Zdunic de Macchi,*
*julio de 2003*

# *Prefacio*

¿Cuál es el mejor instrumento para realizar una evaluación psicológica de personal? La respuesta a esta sencilla pregunta depende fundamentalmente del evaluador a quien se la formule. Personalmente, considero que se pueden llegar a realizar evaluaciones apropiadas con técnicas muy diferentes: la pericia del evaluador y su entrenamiento en determinada técnica condicionan en buena medida el resultado de la misma.

Quisiera hacer una muy breve síntesis para explicar cómo he llegado a considerar que el Test de Zulliger, evaluado según el Sistema Comprehensivo de Exner, es un instrumento confiable para lograr los objetivos de esa tarea.

Llevaba ya varios años de trabajo en la actividad clínica y ejerciendo la docencia en materias vinculadas al diagnóstico psicológico, cuando una colega me ofreció colaborar en su estudio para realizar tareas de selección de personal. Acostumbrada a realizar evaluaciones clínicas, representó todo un desafío "adaptar" mis conocimientos sobre psicodiagnóstico a la tarea de evaluación laboral. Uno de los aspectos que me resultó problemático fue tener que abreviar los tiempos de evaluación: dos horas de entrevista con el postulante debían resultar suficientes para recolectar el material de evaluación a partir del cual se tomarían decisiones importantes.

La necesidad de contar con instrumentos que permitiesen realizar evaluaciones confiables, y cuya administración no fuese extensa, me puso en contacto con el Test de Zulliger. Me dediqué a estudiarlo y lo utilicé de manera intensiva durante varios años. Desde el comienzo, para compensar la desalentadora falta de bibliografía sobre el Test de Zulliger, busqué ampliar conocimientos nutriéndome en las publicaciones existentes sobre Rorschach: algo de Klopfer, algo de Beck y mucho de autores argentinos contribuyeron a mi formación. Los seguimientos de las evaluaciones realizadas fortalecieron mi confianza en la prueba: meses (y a veces años) después de haber sido entregados los informes correspondientes, desde distintas empresas confirmaban que los pronósticos de desempeño laboral se habían cumplido.

Incluí la enseñanza del Test de Zulliger en mi actividad docente. Alentada por mis alumnos, decidí intentar escribir sobre la utilización del Test de Zulliger en el ámbito de la evaluación de personal. El primer paso, obviamente, fue revisar lo que ya existía. Verifiqué que, a nivel internacional, la interpretación del Rorschach se realiza cada vez más mediante el Sistema Comprehensivo de Exner. Hice lo que me resultó más lógico: comencé a estudiarlo. Comprobé que me había ocurrido algo parecido a lo que Exner describe en *The Rorschach Systems* (Exner, 1969): casi sin advertirlo yo había desarrollado un modelo propio, que tomaba elementos de distintos autores, pero que no coincidía plenamente con ninguno. También otros colegas se habían diferenciado de los textos originales: la consigna, dónde debe estar ubicado el sujeto en comparación con el examinador, la forma de codificar las respuestas y la manera de interpretar variaban. Es obvio que la comparación de resultados entre pruebas tomadas y evaluadas de un modo distinto es cuestionable.

En el Sistema Comprehensivo (SC) de Exner encontré una forma de evaluación que me parece seria, confiable, que brinda criterios claros para la toma y la evaluación y que proporciona resultados sujetos a verificaciones que otras estrategias no permiten. "Descubrir" el SC me llevó de inmediato a pensar en las ventajas de aplicarlo a la interpretación del Zulliger.

Tal como suponía, otros ya lo habían pensado antes: me comuniqué con el doctor Ailo Uhinki, de Finlandia, quien amablemente me envió una copia de su trabajo *Distress of Unemployed Job-seekers. Described by the Zulliger Test Using the Comprehensive System* (University of Jyväskylä, Jyväskylä, 1996). Así me enteré de la existencia de un grupo de trabajo escandinavo que se llamó ZIG (Grupo de Interés por el Zulliger), formado inicialmente con el doctor Mahmood y los profesores Mattlar y Sandhal, cuyo objetivo era aplicar el Sistema Comprehensivo al Zulliger. Generosamente, el doctor Mattlar me remitió copia de una serie de publicaciones que se realizaron a partir de los trabajos que ese grupo había iniciado. Entre ellas figuraba *A Zulliger Workbook for Applying the Rorschach Comprehensive System*. Allí se vuelcan algunos resultados de investigaciones. Entre otras informaciones, hay tablas de trabajo donde figuran cuáles son las respuestas populares, cuál es la calidad formal de un gran número de respuestas y también cuáles son las áreas D y Dd.

Mi objetivo inicial se transformó: me seguía interesando escribir sobre el Test de Zulliger en evaluación de personal, pero ahora utilizando el Sistema Comprehensivo de Exner. Naturalmente surgieron dos preguntas:

- ¿pueden extrapolarse directamente todas las conclusiones que han demostrado ser válidas para la interpretación del Test de Rorschach (SC) al Test de Zulliger?, y
- ¿pueden extrapolarse a la población de Buenos Aires los resultados de los estudios realizados con el Test de Zulliger en Finlandia?

Con el propósito de realizar una muestra de carácter exploratorio que permitiese formular algunas hipótesis para seguir pensando el tema, en una primera etapa fueron obtenidos cien protocolos tomados de manera individual a sujetos no pacientes de ambos sexos y con edades de entre los 18 y los 55 años. Todos ellos eran habitantes de Buenos Aires y se ofrecieron voluntariamente para colaborar con la tarea. Las conclusiones de ese estudio, que se sintetizaron en los trabajos presentados en dos congresos (el V Congreso de la Asociación Europea de Rorschach, ERA –Madrid,

1998– y el X Congreso Latinoamericano de Psicodiagnóstico de Rorschach y otras Técnicas Proyectivas, ALAR-1198, Santiago de Chile), brindaron la información necesaria para poder realizar este manual.

Advierto que la aplicación del Sistema Comprehensivo al Test de Zulliger no está concluida. Se han hecho en distintos lugares algunas aproximaciones. Ellas deben completarse y, especialmente, es necesario realizar investigaciones locales que permitan validar las hipótesis existentes y formular otras nuevas.

Este libro pretende ser un aporte en ese sentido. No es un texto definitivo, muy por el contrario, la idea es que se transforme en un punto de partida. Fue pensado:

- para que los psicólogos que realizan evaluaciones laborales encuentren en él un material básico para tomar e interpretar el Test de Zulliger según el Sistema Comprehensivo de Exner. No se requieren conocimientos previos sobre test de manchas ni sobre evaluación de personal para poder comprenderlo. La idea es que sirva como guía inicial, que deberá ser completada recurriendo a los textos originales de Exner (se hace referencia continua a ellos), cada vez que se considere necesario;
- como material de discusión donde, a partir de conceptos compartidos y de un lenguaje común, se puedan hacer agregados, complementos y rectificaciones a lo que está escrito.

Muchos temas de investigación quedan abiertos.

¿Cuál es el límite para considerar corto un protocolo y, por lo tanto, no confiables sus resultados? En varios de los estudios realizados con el Test de Zulliger se incluyen resultados de muestras colectivas e individuales. En las tomas colectivas, la media del número de respuestas es menor que en las individuales; esto crea una seria dificultad para el análisis de los datos. Sería necesaria una mayor discriminación para poder ajustar qué respuestas deben ser consideradas D y cuáles Dd y para determinar de manera más segura las respuestas ordinarias y las únicas.

En el SC para el Rorschach, existen pautas claras para considerar la Actividad Organizativa de las respuestas. La puntuación "Z" mide dicha actividad. En el Test de Zulliger todavía no se han establecido claramente cuáles son las reglas para aplicar este puntaje. En el SC para el Rorschach, la Proporción Afectiva (Afr) se obtiene comparando las láminas según la inclusión del color. En su trabajo sobre el Zulliger, el doctor Ailo Uhinki definió el coeficiente Afr comparando el número de respuestas a la segunda lámina con aquellas dadas a la primera y a la tercera. Sería útil tener mayor cantidad de trabajos para verificar este coeficiente.

La lista de temas a estudiar puede ampliarse considerablemente: queda mucha tarea por hacer. Es mi interés seguir investigando en esta técnica, porque considero que brinda un material de evaluación lo suficientemente rico como para extender su aplicación a otras áreas, especialmente la clínica. Actualmente sigo ampliando la correspondencia con colegas que están interesados en el Test de Zulliger.

Debo destacar que todas las personas con quienes me puse en contacto, en Argentina y en otros países, mostraron una excelente disposición para intercambiar información y hacerme llegar material que me fuese útil. Mi agradecimiento a todos ellos. También agradezco a mis alumnos y colaboradores por el estímulo brindado para llevar adelante este trabajo. Y agradezco muy especialmente a mi esposo, el doctor Ricardo L. Macchi, por el asesoramiento brindado para el análisis estadístico de los datos, pero sobre todo, por sus críticas oportunas y su paciencia para tolerar mis inseguridades.

# Introducción
## La evaluación psicológica de personal

El proceso de evaluación psicológica de personal puede ser pensado desde diferentes perspectivas. Para poder ubicar al Test de Zulliger dentro de dicho proceso, se harán algunas consideraciones sobre la empresa, el postulante, el psicólogo evaluador y los instrumentos de evaluación.

## LA EMPRESA

Cuando se solicita una evaluación laboral, la empresa espera encontrar respuesta a una serie de preguntas acerca del postulante. Algunas de las más habituales son las siguientes:

–¿Trabajará bien?
–¿Qué ventaja representará para la empresa su incorporación?
–¿Presentará dificultades? ¿Cuáles?
–¿Robará?
–¿Cuál es el tipo de supervisión que necesita?
–¿Tiene posibilidades de crecimiento? ¿En qué sentido es dable esperar un desarrollo?

Básicamente, a la empresa le interesa conocer cómo será ese postulante en el desempeño concreto para el cual se lo propone. El informe que el psicólogo le entrega es un elemento que, junto con otras evaluaciones (de conocimientos específicos acerca de la tarea, de experiencias laborales previas, de condiciones de salud física, etcétera), brinda material para decidir de un modo más confiable qué persona será incorporada.

## EL POSTULANTE

El postulante habitualmente "se somete" a la evaluación porque éste es un requisito ineludible para poder acceder al puesto al que aspira: su objetivo es "conseguir trabajo"; la evaluación, "un obstáculo que hay que sortear" para alcanzarlo.

Cuando hay un motivo de consulta (en el pedido de psicoterapia, de orientación vocacional, de orientación familiar, etcétera), el entrevistado se acerca al psicólogo con la esperanza de recibir ayuda para superar sus dificultades personales. Si en un primer encuentro el entrevistador no llena las expectativas de idoneidad y confiabilidad previstas, siempre le queda el recurso de hacer una nueva consulta con otro profesional.

Algo muy distinto ocurre en una primera entrevista para evaluación de personal. El postulante no tiene alternativas: debe hablar sobre sí mismo y dejarse conocer por alguien que él no ha elegido y a quien no conoce. No es extraño, entonces, que el evaluador sea visto como alguien a quien es necesario seducir para que contribuya al logro del objetivo principal (ser elegido para ese puesto de trabajo). Para el entrevistado el objetivo inmediato en la entrevista suele ser lograr que el evaluador se quede con la convicción de que él es el mejor candidato, el más inteligente, confiable, simpático, rápido; en síntesis, el más apto en esa búsqueda.

Esto despierta ansiedades que son específicas. A los temores lógicos que toda evaluación implica, se agrega el de tener que "hacer un buen papel", que es en sí mismo fuente de estrés. Además, existen otras circunstancias que incrementan el malestar en el entrevistado: es frecuente que haya pasado ya por otras evaluaciones y que, sin haber conseguido el trabajo, no se le haya hecho ninguna devolución. Es natural que se sienta frustrado y fastidiado: "¡otra vez contar las mismas cosas y hacer tareas cuyos resultados no conoceré!". Éste es un pensamiento habitual y comprensible en alguien que dio (información, tiempo, compromiso) y no recibió nada a cambio.

## EL PSICÓLOGO EVALUADOR

El psicólogo evaluador tiene dos compromisos básicos: con la empresa y con el postulante.

Con la empresa, deberá remitirle un informe claro, que resulte útil para tomar las decisiones acerca de las cuales se lo consultó.

Con el postulante, será necesario hacerle una devolución que permita que la experiencia de evaluación sea enriquecedora para él también. La idea es que se vaya con una información ampliada sobre sí mismo, conociendo algo más sobre qué caminos (en lo laboral) le estarán naturalmente facilitados y cuáles le presentarán escollos.

A los psicólogos que se inician en la tarea de evaluación laboral suele resultarles difícil advertir que una buena evaluación es aquella que logra describir, con la mayor exactitud posible, cómo será esa persona para ese puesto de trabajo; si la persona es incorporada o no, es otra cuestión. Incorporar a un trabajo a alguien que no tiene posibilidades de funcionar bien allí es tan destructivo e inútil (para el sujeto y para la empresa) como dejar sin trabajo a alguien que podría lograr un desempeño eficaz y creativo en ese puesto. Como psicólogos evaluadores, sería absolutamente omnipotente suponer que podemos dar o quitar un trabajo a alguien.

Cuando un postulante se va de la evaluación con un conocimiento ampliado sobre algún aspecto de su vida ("cómo es él como trabajador"), no sólo su salud mental queda cuidada, sino que se preserva también la del entrevistador, que habrá actuado en una tarea de prevención desde el comienzo mismo de la primera entrevista. Lo que nos corresponde es intentar hacer lo mejor posible nuestra tarea y, para ello, necesitamos contar con instrumentos de evaluación confiables.

## LOS INSTRUMENTOS DE EVALUACIÓN

Habitualmente, para realizar una evaluación psicológica, se utilizan como método la entrevista y la "batería de pruebas". En esta última se incluyen a veces varias pruebas.

La idea que fundamenta este procedimiento es que no existe ninguna técnica que pueda dar cuenta de todos los aspectos de la vida psíquica de un sujeto. Además, tomar distintas pruebas permite realizar un análisis de recurrencias y convergencias, lo cual otorga mayor confiabilidad a las hipótesis diagnósticas.

La decisión con respecto a qué pruebas usar varía, pero, en las tareas de psicodiagnóstico, uno de los test que con mayor frecuencia se incluye en la "batería de pruebas" es el de Rorschach. Desde que Hermann Rorschach publicó su monografía *Psychodiagnostik*, en 1921, se han realizado una enorme cantidad de trabajos e investigaciones sobre esta prueba que tiene como estímulo diez manchas de tinta.

Basándose en sus mismos principios, Hans Zulliger concibió un test de tres láminas, que primero aparece en versión colectiva (en 1948) y luego (en 1954), en una individual. Su intención inicial fue crear un método para propósitos de selección en el ejército suizo, pero su aplicación se extendió: desde entonces ha sido ampliamente usado para tomar decisiones en cuanto a las posibilidades de adaptación de los sujetos a los distintos puestos, para orientación vocacional y también para diagnósticos de personalidad.

Algunas características del Test de Zulliger contribuyeron a que, también en nuestro medio, se lo usara cada vez más en tareas de evaluación laboral:

a) Su administración insume una cantidad de tiempo moderada.
b) Permite formular las hipótesis necesarias para organizar un informe y realizar una devolución razonablemente completos.
c) Brinda un material útil para realizar trabajos de investigación posteriores.

# EL TEST DE ZULLIGER: DESCRIPCIÓN

En su versión individual, el Test de Zulliger consta de tres láminas y en cada una hay manchas de tinta. El problema que debe resolver el evaluado es decidir "¿qué podría ser eso?".

La *lámina I* muestra una mancha compacta que tiene matices de grises: tonos claros y otros más oscuros que llegan al negro.

En la *lámina II*, la presencia del color hace que se recorten fácilmente zonas amplias: aparecen rojos (intenso y más claro), verde y marrón (con matices).

La *lámina III* tiene amplias zonas en negro y grises, y rojo en una zona central y en dos laterales. Las distintas partes de las manchas permiten interpretaciones parciales.

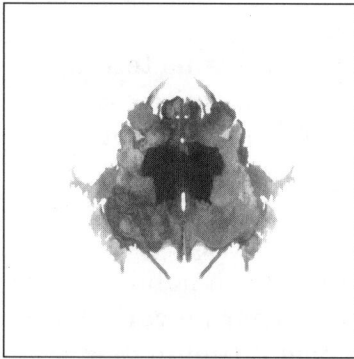 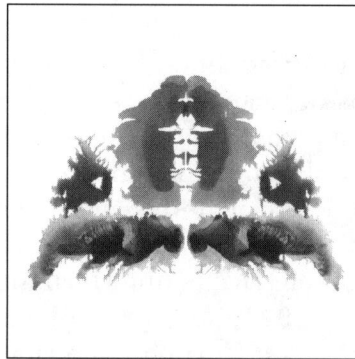 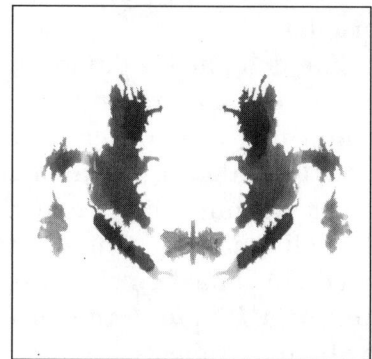

LÁMINA I          LÁMINA II          LÁMINA III

# EL TEST DE ZULLIGER Y EL SISTEMA COMPREHENSIVO DE EXNER

Muchos autores han trabajado sobre tests de manchas de tinta pero, en los últimos años, el Sistema Comprehensivo creado por John E. Exner tiende a ser el lenguaje internacional entre los conocedores del Rorschach.

Exner considera que el Test de Rorschach es una situación de resolución de problemas (donde hay tan sólo una mancha de tinta, se le pide al sujeto que identifique algo) y que las características personales inciden en la determinación de las respuestas que finalmente se emiten. Aclara que el test no da respuesta a todas las preguntas posibles, pero que brinda una amplia información descriptiva del sujeto: "Se pueden lograr descripciones muy detalladas, abarcando características tales como los estilos de respuesta, la afectividad, las operaciones cognitivas, las motivaciones, la percepción y preocupaciones sobre el mundo interpersonal, y las tendencias a reaccionar de determinados modos" (Exner, 1994).

Por la amplitud y el alcance de los estudios realizados, resulta pertinente intentar aplicar el procedimiento definido por Exner al Test de Zulliger.

## EL TEST DE ZULLIGER EN LA ENTREVISTA DE EVALUACIÓN DE PERSONAL

La situación misma de entrevista en la que se administra el Test de Zulliger puede ser interpretada como una muestra de lo que el sujeto hará cuando esté trabajando y deba enfrentarse a una situación nueva que le produzca tensión. Para obtener un material que permita formular hipótesis confiables, es necesario un cuidadoso registro de todas las conductas (verbales y no verbales) que se den en la entrevista.

Es útil aprovechar todo el material disponible para pensar inferencias: las hipótesis parciales que se formulen se cotejarán luego con el resto de la información obtenida, para corroborarlas y/o descartarlas. Seguramente, al finalizar la evaluación, algunas hipótesis serán dejadas de lado, otras se verán corroboradas y algunas quedarán como dudas.

Pero analizar el Test de Zulliger implica precisamente eso, un análisis minucioso, donde todo es susceptible de ser pensado. Es probable que al comienzo de la evaluación, muchas de las hipótesis parezcan apresuradas. Pero si las tomamos como lo que son, hipótesis a ser verificadas, serán un punto de apoyo fundamental para poder pensar, en un paso posterior, a la persona como un todo.

Este libro fue pensado como una guía para utilizar el Test de Zulliger en el diagnóstico de desempeño laboral. Por eso se hace referencia sistemáticamente al ajuste (o no) entre determinada característica personal y el perfil del puesto de trabajo. Para mayor claridad y a la manera de ejemplos, se describen situaciones concretas, tomadas de evaluaciones laborales.

En el capítulo 1 se detallan los pasos a seguir para tomar la prueba. Una vez obtenido el protocolo del sujeto, cada respuesta debe ser codificada. La codificación implica traducir las respuestas a un lenguaje creado por Rorschach que permite valorar los estilos de respuestas y las características psicológicas del sujeto (esto no sería posible hacerlo a partir de las respuestas directas).

En el capítulo 2 se define qué son y cómo se codifican la Localización y la Calidad Evolutiva. Se incluyen también aspectos interpretativos vinculados con estos códigos.

El capítulo 3 se refiere a los Determinantes y las Respuestas Múltiples. Se dan ejemplos y se analizan significados parciales de cada uno de ellos.

En el capítulo 4 se aborda el concepto de la Calidad Formal y sus implicancias para el análisis laboral.

En el capítulo 5 se detallan listas de Contenidos y de Respuestas Populares de cada lámina.

En el Capítulo 6 se desarrolla el tema de la Actividad Organizativa.

En el Capítulo 7 hay una síntesis sobre los llamados Códigos Especiales y su valor interpretativo.

Todo esto permite hacer, en el capítulo 8, algunas aproximaciones a un sumario estructural.

En el Apéndice se incluye el análisis de un caso: a partir de la información dada desde la empresa, se hace una síntesis de algunos aspectos de la entrevista para pasar luego a la evaluación del Test de Zulliger. Se incluye una síntesis de ella y se puntualizan algunas observaciones sobre la evolución posterior del caso.

También figuran en el Apéndice la hoja de localización, las planillas, las tablas de trabajo necesarias para la evaluación y los estadísticos descriptivos que sirven de referencia para la interpretación del Test de Zulliger.

# 1. Administración

La evaluación se hará en un ambiente tranquilo y bien iluminado, evitando la interferencia de elementos ajenos al proceso de diagnóstico.

La manera más sencilla de presentar el Test de Zulliger es anunciar al principio de la entrevista que una de las pruebas será un test de manchas de tinta, que se le mostrarán unas láminas para que el entrevistado pueda decir a qué se parecen. Todas las preguntas que el sujeto formule en este momento deberán contestarse de manera clara, sin realizar sugerencias con respecto a la prueba y retomando el objetivo del encuentro: conocerlo a él como trabajador.

Para administrar el Test de Zulliger, entrevistado y entrevistador se colocarán en dos asientos, uno al lado de otro. Nunca en la posición cara a cara: estudios experimentales han demostrado que el evaluador puede, sin advertirlo, condicionar algunas respuestas que distorsionan los resultados finales.

El evaluador debe contar con los elementos necesarios para realizar la toma:

a) Láminas limpias, ordenadas boca a abajo y fuera del alcance del sujeto.
b) Lápices y varias hojas en blanco, para hacer el registro textual de las respuestas.
c) Varias Hojas de Localización (véase Apéndice) para ubicar las respuestas.
d) Tiempo suficiente, para poder utilizar el que necesite sin sentirse apresurado.

La administración consta de tres pasos:

1) proceso de respuesta
2) fase de encuesta
3) prueba de límites

## 1) PROCESO DE RESPUESTA

En esta etapa las láminas se muestran de a una, entregándolas en la mano del sujeto. La consigna que se da es: "¿Qué podría ser esto?". No se hacen preguntas. Se registra todo lo que el sujeto expresa, tanto en lo verbal como en lo no verbal. Cualquier pregunta que el sujeto formule se contesta de manera no directiva, alentándolo a que siga su propio criterio. Por ejemplo, si pregunta cuántas respuestas tiene que dar, se contesta "lo que pueda ver"; si pregunta si puede girar la lámina, se le dice "como usted quiera", etcétera.

Si hay variaciones en la posición original, debe quedar registrada la posición de la lámina que utilizó el sujeto para dar su respuesta. El signo "∨" puede facilitar el registro: el vértice señalará el lugar hacia donde se dirige la zona considerada superior en la posición original. Así, "∨" indica que la lámina fue rotada en 180 grados; "<" y ">" indican que fue rotada en 90 grados hacia la izquierda y hacia la derecha, respectivamente.

Cuando el sujeto da por terminada la búsqueda de nuevas percepciones, sea cual fuere el número de respuestas dadas, se retira esa lámina y se le entrega, en mano, la siguiente, procediendo del mismo modo que con la primera.

## *Protocolos cortos*

Formular hipótesis a partir de protocolos cortos es peligroso: podrían realizarse inferencias erróneas con gran facilidad. En aquellos casos en los que el sujeto dé en total menos de 8 respuestas, se le deben pedir más. Antes de pasar a la fase de encuesta, se dirá: "Usted ya sabe cómo se hace, pero existe un problema: no ha dado suficientes respuestas. Le voy a volver a mostrar las láminas para que pueda dar más respuestas". Dicho esto, se le vuelven a mostrar, de a una, las láminas.

La experiencia muestra que, si el evaluador está convencido de que las va a obtener y si se generan condiciones propicias ("no hay apuro", "tómese el tiempo que necesite para verlas", "seguramente algo más va a ver"), todos los sujetos son capaces de dar más respuestas.

Las respuestas se anotan con números consecutivos a medida que van apareciendo. Se utiliza una hoja para cada lámina. En el caso de un protocolo corto, en la segunda pasada se anotarán en la hoja correspondiente a la lámina y con el número que le corresponde.

EJEMPLO:
En la primera pasada alguien dijo:

LÁMINA I
   1) *escarabajo*
   2) *hormiga*

LÁMINA II
   3) *dos pulmones*
   4) *abejas*

Lámina III
   5) *dos personas*
   6) *una mariposa*

Como hay menos de 8 respuestas, pedimos más ("Usted ya sabe cómo se hace..."), y el sujeto agrega: *canguro* y *cabeza de mono* (en lámina I); arbustos y columna vertebral (en lámina II); y *una taza, un candelabro* y *un sombrero* (en lámina III). Al agregar las nuevas respuestas, debería quedar registrado así:

Lámina I
   1) *escarabajo*
   2) *hormiga*
   7) *canguro*
   8) *cabeza de mono*

Lámina II
   3) *dos pulmones*
   4) *abejas*
   9) *arbustos*
   10) *columna vertebral*

Lámina III
   5) *dos personas*
   6) *una mariposa*
   11) *una taza*
   12) *un candelabro*
   13) *un sombrero*

Esta forma de registro permite, a simple vista, observando el número de respuestas, discriminar cuáles fueron dadas en la primera pasada y cuáles luego de mayor presión.

## *Protocolos largos*

Se ha comprobado que un aumento exagerado en el número de respuestas no agrega información significativa a la evaluación. En consecuencia, si alguien da más de cuatro respuestas en la primera lámina, resulta prudente decirle que es suficiente y pasar a la siguiente.

## 2) LA FASE DE ENCUESTA

Para poder codificarlas posteriormente, de cada respuesta se necesitará conocer:

a) dónde vio eso que dijo (Localización),
b) qué de la lámina le dio la idea de eso que vio (Determinante), y
c) qué vio (Contenido).

Es por eso que, en esta etapa, las láminas se muestran por segunda vez para que el sujeto haga aclaraciones sobre lo que vio.

Lo más habitual es que no se necesite interrogar sobre el tercer aspecto, dado que lo que el sujeto vio en la lámina resulta obvio en su respuesta espontánea. Lo que suele presentar alguna dificultad para interrogar tiene que ver con la Localización y los Determinantes.

La consigna general para la encuesta es: "Ahora veremos las láminas nuevamente. Quiero ver lo que usted dijo que vio. Le leeré lo que ha dicho y luego quiero que me muestre en qué parte de la lámina vio lo que dijo y qué hay ahí que se parezca a eso. Quisiera asegurarme de verlo igual que usted". Luego, las láminas se dan, de a una, diciendo "Usted dijo..." y leyendo de manera textual cada respuesta tal como fue expresada. Así el entrevistado puede hacer las aclaraciones necesarias. Se pasa a la respuesta siguiente sólo cuando la anterior fue convenientemente indagada.

En algunos casos el evaluador debe intervenir para aclarar algunas dudas.

### *Localización*

El registro del área de la mancha que el sujeto tomó para dar su respuesta se hace en la Hoja de Localización (véase Apéndice). En ella hay un esquema de las tres láminas, donde el evaluador delimitará de manera precisa la zona utilizada en cada respuesta. Según su orden de aparición, cada respuesta se identifica con un número.

PREGUNTAS QUE PERMITEN ACLARAR LA LOCALIZACIÓN:

–¿Dónde lo ve?
–No estoy seguro de dónde está. Por favor, señale con el dedo el contorno.
–¿Dónde está... (la cabeza, el cuerpo, el vaso, etcétera)?

## Determinantes

Para encontrar los Determinantes de la respuesta, es de utilidad encuestar sobre las "palabras clave". Ellas son las que orientan sobre el/los Determinante/s que ha utilizado el sujeto. Exner propone algunas sugerencias básicas muy sencillas. El objetivo es que el entrevistado pueda decir, libre de toda influencia externa, qué de la lámina le dio la idea de eso que vio.

PREGUNTAS QUE PERMITEN ACLARAR LOS DETERMINANTES:

—No estoy seguro de verlo como usted lo vio. Por favor, ayúdeme.
—No termino de ver qué hay ahí que hace que le parezca eso.
—¿Por qué le parece... (áspera, linda, tallada, etcétera)?

## Respuestas adicionales

Algunas personas, en el transcurso de la encuesta, suelen dar nuevas percepciones (son las llamadas respuestas adicionales). Como estas respuestas no fueron dadas en forma espontánea en la primera etapa, se registrarán pero no se incluirán en los cómputos. Con ellas puede hacerse un análisis cualitativo: dan información sobre lo que el sujeto puede hacer cuando se siente más familiarizado con algo. Comparando la calidad y complejidad de las respuestas espontáneas y adicionales, se podrán obtener indicadores de pronóstico de desempeño.

EJEMPLO:

Supongamos que una persona dio como respuestas a la primera lámina lo siguiente:

—*Acá, un escarabajo.*
—*Esto es una hoja de otoño.*
—*Parece un lago de aguas frías.*
—*Un mono.*
—*Italia.*

La encuesta se realizaría así:

| Sujeto | Evaluador |
|---|---|
| | "Ahora veremos las láminas nuevamente. Quiero ver lo que usted dijo que vio. Le leeré lo que ha dicho y luego quiero que me muestre en qué parte de la lámina vio lo que dijo y qué hay ahí que se parezca a eso. Quisiera asegurarme de verlo igual que usted." "Usted dijo: 'Acá, un escarabajo'. Ayúdeme a verlo." |
| *Sí, está acá, en la totalidad de la lámina.* | No se interroga más sobre localización. Se pasa a interrogar sobre determinante: |
| | "¿Por qué le parece un escarabajo?" |
| *No sé, me pareció que tenía la forma de un escarabajo.* | No se interroga más. Se pasa a la siguiente respuesta. |
| | "Usted dijo: esto es una hoja de otoño." |
| *Sí, ahí* (hace un gesto ambiguo con la mano). | "Por favor, señale con el dedo la zona dónde la vio." |
| Señala, tocándola, la zona más oscura central. | No se interroga más sobre localización. Se pasa a interrogar sobre el determinante: |
| | "Una hoja, ¿de otoño?" |
| *Se parece por su forma a las hojas de otoño, quebradiza.* (Al decirlo toca la lámina como si estuviese palpando.) | No se interroga más. Se pasa a la siguiente respuesta. |
| | "Parece un lago de aguas frías." |
| *Aquí* (señala el pequeño detalle blanco central alargado). | "Quisiera verlo como usted lo vio, por favor, ayúdeme." |
| *Se le parece, por la forma. Hay lagos que tienen una forma así.* | "¿De aguas frías?" |
| *Es de color blanco, me hace pensar en aguas frías, como la de los lagos de Bariloche.* | No se interroga más. Se pasa a la siguiente respuesta. |

→

26

| | "Un mono." |
|---|---|
| *Aquí, veo la cabeza de un mono.* | "¿La cabeza de un mono?" |
| *Sí, la cabeza. Se ven los ojos, la boca. Tiene la forma de la cabeza de un mono. (Señala el detalle central superior.)* | "Cuando la vio por primera vez, ¿también vio solamente la cabeza?" |
| *Sí, sólo la cabeza.* | No se interroga más. Se pasa a la siguiente respuesta. |
| | "Italia." |
| *Aquí está* (señala la saliente lateral a la derecha). *Tiene la forma de la bota de Italia.* | No se interroga más. Se pasa a la siguiente lámina. |

## 3) LA PRUEBA DE LÍMITES

Las láminas se muestran por última vez para hacer un examen de límites. Esta tercera etapa no siempre es necesario hacerla. Cuando se realiza, sus resultados no se incluyen en el análisis cuantitativo. Alguna/s lámina/s se vuelve/n a mostrar para hacer preguntas sobre lo que el sujeto no vio. Se realiza cuando el sujeto no incluye en la totalidad de la prueba algo que habitualmente se da (por ejemplo, el sujeto no ve ninguna de las respuestas que son Populares, o no da ninguna respuesta que incluya la totalidad de la mancha, etcétera).

Hay distintos grados de presión para hacer el examen de límites. La regla general es ir desde lo más general a lo más específico. Supongamos que una persona no dio ninguna respuesta tomando la totalidad de la mancha. En este caso se le mostraría la primera lámina y se le diría: "Algunas personas suelen ver algo en la totalidad de la mancha. ¿Usted podría ver algo allí?". Si el sujeto dice que sí, se le pregunta qué podría ser y se realiza la encuesta correspondiente. Si dice que no, se le dice: "Algunas personas suelen ver un animal en la totalidad de la mancha, usted podría ver alguno?". Si el sujeto dice que sí, se le pregunta cuál puede ver y se realiza la encuesta correspondiente. Si dice que no, se retira la lámina y se pasa a la siguiente, procediendo del mismo modo.

Las respuestas que se obtienen en el Examen de Límites se utilizan para hacer un análisis cualitativo: si alguien no da espontáneamente lo que es convencional, esperamos que en el examen de límites pueda incluir lo que la mayoría de las personas incluyen. Si tampoco en el Examen de Límites aparecen las percepciones más usuales, la hipótesis de apartamiento de lo convencional se refuerza significativamente.

# 2. Localización y Calidad Evolutiva

## 1) LOCALIZACIÓN

Hablar de Localización es preguntarse a qué zona de la mancha corresponde la respuesta.

Las posibilidades que tiene el sujeto son:

1) W: La respuesta es Global, abarca toda la mancha.
2) D: La respuesta es un Detalle Usual, abarca una parte de la mancha en la que el 5 % de los sujetos manifiesta percibir algo.
3) Dd: La respuesta es un Detalle Inusual, abarca una parte de la mancha en la que menos del 5 % de los sujetos manifiesta percibir algo.

Se considera "Respuesta de Espacio" (S) a toda respuesta que incluye una zona de espacio blanco. Puede ser una zona donde se utiliza exclusivamente el espacio blanco o donde se utiliza una parte de la mancha y una parte de espacio blanco.

Exner no codifica el espacio blanco en forma separada, siempre lo incluye en alguno de los otros símbolos de Localización. Por lo tanto podrá darse WS, DS o DdS.

## Respuestas Globales (W)

Las Respuestas Globales son aquellas en las que el sujeto da una percepción tomando la totalidad de la mancha. Para ser considerada Global, no debe omitirse ningún detalle, aunque sea pequeño.

Por ejemplo, son Respuestas Globales:

En lámina I: *escarabajo, cangrejo*.

En lámina II: *un paisaje, adelante la tierra, se ven arbustos y al fondo el atardecer*.

En lámina III: *dos hombres bailando alrededor del fuego, se acercan otros dos corriendo*.

En todos estos casos, se codifica "W".

Dar Respuestas Globales es propio de personas que quieren organizar, disponer, planificar, dirigir. Que alguien dé este tipo de localización en sus respuestas indica su "tendencia a" (organizar, dirigir, etcétera), y no necesariamente que en los hechos lo haga bien (esto se evaluará por otros indicadores).

Esperamos que aparezcan respuestas W en protocolos de personas que deban ocupar puestos de conducción que requieren facilidad y/o gusto para realizar este tipo de tareas.

## Respuestas de Detalle Usual (D)

Si la respuesta no es Global, será de Detalle Usual (D) o bien de Detalle Inusual (Dd).

Para discriminar entre respuestas D y Dd en el Rorschach, Exner utiliza como criterio la frecuencia estadística de utilización de determinada área (sin importar el tamaño de la zona que se recorta para dar una respuesta). Un área se considera de Detalle Usual (D) si al menos el 5% de los sujetos dan una respuesta allí, y de Detalle Inusual (Dd) si menos del 5% de los sujetos la usan para dar una respuesta.

A los fines de poder realizar eventuales trabajos comparativos, se ha resuelto adoptar para el Test de Zulliger la codificación de áreas que propuso Mattlar y que figura en la Tabla de Localización de Áreas por Lámina (véase Apéndice). En esta tabla las áreas están señaladas con un código que incluye un número para facilitar su identificación.

El criterio será considerar "D" a toda respuesta que utilice un área señalada como tal en la Tabla de Localización de Áreas. En consecuencia, si una respuesta no es Global, habrá que fijarse en la tabla para constatar si se la puede considerar "D".

Si un sujeto toma dos o más áreas D para dar como respuesta un solo objeto, y la zona total no figura en la tabla, deberá codificarse Dd. Pero si el sujeto da una respuesta que abarca más de un área D e identifica objetos separados, pero en relación, se mantendrá la codificación D, a pesar de no figurar como tal en la tabla.

Por ejemplo, son respuestas "D":

Lámina I: *una hoja de árbol* (en el centro oscuro, le corresponde el código D1).

Lámina II: *dos ojos que miran con malicia* (en toda la zona verde, le corresponde el código D2).

Lámina III: *un moño* (en la zona roja central, le corresponde el código D1).

Lámina II: *dos lobos que se disputan unos huesos* (los lobos son vistos en D2 y los huesos en DS5. Son dos objetos separados, pero en relación. Le corresponde el código D).

Las respuestas de Detalle Usual (D) muestran la tendencia a resolver con sentido práctico situaciones concretas. Personas que actúan apelando al sentido común suelen dar este tipo de localización.

## Respuesta de Detalle Inusual (Dd)

Toda respuesta que no sea W ni D se codifica "Dd".

Algunas Dd figuran en la tabla y todos ellos tienen un número de identificación. Si el área no está incluida en la tabla, se codificará Dd y se le asignará el 99 como número de localización.

Por ejemplo, son respuestas "Dd":

Lámina I: *dos bastones* (en las salientes centrales inferiores, se codifica Dd34).

Lámina II: *una palomita* (en el detalle blanco pequeño superior, se codifica DdS21).

Lámina III: *un revólver* (en las salientes de las figuras oscuras, hacia adentro, se codifica Dd24).

SIGNIFICADO:

Las respuestas de Detalle Inusual indican hasta qué punto un sujeto presta atención a cuestiones que para los demás, en general, pasan desapercibidas.

Señalan preferencia por lo insignificante o sutil.

## Respuesta de Espacio (S)

Es necesario interpretar el Espacio en Blanco en relación con la Calidad Formal de la respuesta y con el resto del protocolo. Son estos elementos los que permitirán orientar acerca del significado particular de la respuesta dada.

En algunos casos, dar respuestas de Espacio en Blanco es propio de personas que buscan ser independientes, que son capaces de defender sus propios puntos de vista sin que esto implique algo patológico. En otros, la presencia de S es significativa de un estilo oposicionista, de un negativismo que lleva a dificultades de adaptación.

EJEMPLOS:

Lámina I, WS: *Un hombre gordo cantando. Se le ve la boca redonda y los ojos.* Es una respuesta en la que se logró una buena integración. Es propio de sujetos inteligentes y autónomos.

Lámina III, WS: *La cara de una nena, tiene la boca roja, de las orejas cuelgan dos aros rojos*. Es una respuesta de mala calidad, que usa arbitrariamente los contornos de la mancha, agregando contornos que no existen y, por lo tanto, propia de alguien que podría tener algunos rasgos oposicionistas (si aparece S aumentado en la totalidad del protocolo, esta hipótesis podría confirmarse).

## 2) CALIDAD EVOLUTIVA

Tomando en cuenta el grado de organización, las respuestas se pueden construir de distinta manera. Exner incluyó el código "Calidad Evolutiva" (DQ: *Developmental Quality*) para analizarlas.

Se discriminan cuatro niveles de DQ en las respuestas y se le adjudica a cada uno de ellos un código propio.

| *DQ* | *Código* |
|---|---|
| De síntesis | + |
| Ordinaria | o |
| Vaga de síntesis | v/+ |
| Vaga | v |

## *Respuestas de Síntesis (+)*

DEFINICIÓN:
"Se describen dos o más objetos como distintos pero en relación. Por lo menos uno de ellos requiere una forma específica, o se lo describe de tal manera que se genera esa necesidad de una forma particular" (Exner, 1995).

EJEMPLOS:
*Una mariposa apoyada sobre una hoja, dos personas bailando alrededor del fuego, una paloma volando entre nubes, la cabeza de un duende con una capucha.*

SIGNIFICADO:

Dar respuestas de Síntesis es propio de personas con buenos recursos intelectuales. Las personas brillantes suelen darlas. Su presencia no asegura que el sujeto pueda resolver adecuadamente las dificultades que se le presentan en la realidad cotidiana, pero indica un buen potencial (deberá correlacionarse con la Calidad Formal –FQ: *Formal Quality*– para poder hacer estimaciones sobre rendimiento concreto).

En lo laboral, esperamos que aparezcan respuestas de Síntesis en personas que deban desempeñarse en actividades complejas o en puestos de conducción, donde se necesite capacidad organizativa. Directores, gerentes, jefes de nivel superior que tienen potencial para funcionar adecuadamente suelen dar estas respuestas.

## Respuesta Ordinaria (o)

DEFINICIÓN:

"Se identifica un área de la mancha como un solo objeto, con rasgos que exigen por sí mismos una determinada forma, o la manera en que el objeto es descrito exige una especificidad formal" (Exner, 1995).

EJEMPLOS:

*La cabeza de un lobo, un árbol, el corazón, un ciervito.* La respuesta *dos personas* se codifica también como "o", porque hace alusión a la simetría de la mancha, no se cumple la condición de objetos distintos "en relación" que se necesita para ser considerada de síntesis.

SIGNIFICADO:

Dan respuestas "o" personas que tienen un funcionamiento ajustado a la corrección esperable. Pueden no ser creativos, pero tienen los recursos necesarios como para desenvolverse de acuerdo con lo que hace la mayoría.

En lo laboral, es el tipo de respuestas que esperamos que aparezcan en aquellas personas que deban realizar trabajos de complejidad intermedia, donde no se necesita un gran despliegue de energía ni de creatividad, pero sí capacidad para "ocuparse y cumplir". Puestos administrativos, de venta, técnicos, requieren la presencia de DQo.

## Respuesta Vaga de Síntesis (v/+)

DEFINICIÓN:

"Se describen dos o más objetos como distintos pero en relación: ninguno de ellos requiere una forma específica, ni tampoco su articulación introduce una especificidad formal en ellos (ejemplos: *nubes arremolinándose, una bahía con vegetación a lo largo de la orilla, una piedra con terrones de tierra pegados*)" (Exner, 1995).

SIGNIFICADO:

Indica una forma de funcionamiento cognitivo que presenta limitaciones. Implica el intento de hacer un proceso de elaboración complejo, pero que resulta fallido.

En lo laboral, las personas que dan este tipo de respuesta necesitarán ser supervisadas en sus tareas porque pueden presentar ciertas fallas en sus capacidades intelectuales. Es conveniente que realicen tareas rutinarias que no impliquen toma de decisiones.

## Respuesta Vaga (v)

DEFINICIÓN:

"Se describe un objeto que carece de especificidad formal, y la manera como es articulado tampoco implica que el objeto adquiera una necesidad de forma específica (ejemplos: *una nube, el cielo, los colores del atardecer, un trozo de hielo*)" (Exner, 1995).

SIGNIFICADO:

Su frecuencia es escasa en protocolos de adultos. Señala limitaciones intelectuales o neurológicas. En algunos casos parece relacionarse con un intento de evitar compromisos.

En lo laboral, su presencia es muy significativa, como indicador de dificultades de adaptación, en protocolos de personas que deban desempeñarse en puestos de conducción. De todos modos, aun para posiciones de menor responsabilidad, vale la pena considerar la posibilidad de un desempeño intelectual con limitaciones importantes.

# 3. Determinantes

"¿Por qué el objeto descrito le parece eso?" Responder a esta pregunta es encontrar los determinantes de la respuesta dada por el sujeto. Las características de personalidad (en sus aspectos más estables) y el estado psicológico general del sujeto en el momento en que realiza la prueba condicionan en una buena medida sus respuestas al Test de Zulliger. Codificar los determinantes de manera apropiada es el prerrequisito necesario para poder interpretarlos y lograr formular inferencias válidas en relación con la persona que estamos evaluando. Las palabras del sujeto son la materia prima que permite realizar la codificación de los determinantes.

Exner contempla siete grandes categorías de determinantes. Cada una de éstas representa una de las formas posibles en que el sujeto puede responder frente a los estímulos. Algunas de estas categorías incluyen otras subcategorías. Cada una de ellas tiene un símbolo para la codificación de los determinantes.

Las respuestas pueden tener uno o más determinantes. A continuación, se incluye la lista de todos los determinantes y sus respectivos códigos:

| Categoría | Subcategoría | Código |
|---|---|---|
| 1) Forma | | F |
| 2) Movimiento | movimiento humano | M |
| | movimiento animal | FM |
| | movimiento inanimado | m |
| 3) Color cromático | color puro | C |
| | color-forma | CF |
| | forma-color | FC |
| | color nominal | Cn |
| 4) Color acromático | color acromático puro | C' |
| | color acromático-forma | C'F |
| | forma-color acromático | FC' |

→

| | | |
|---|---|---|
| | textura pura | T |
| | textura-forma | TF |
| | forma-textura | FT |
| 5) Sombreado | vista pura | V |
| | vista-forma | VF |
| | forma-vista | FV |
| | sombreado difuso puro | Y |
| | sombreado-forma | YF |
| | forma-sombreado | FY |
| 6) Forma-dimensión | | FD |
| | par | (2) |
| 7) Pares y reflejos | reflejo-forma | rF |
| | forma-reflejo | Fr |

## 1) FORMA (F)

El determinante "forma" se utiliza·en aquellas respuestas que se basan exclusivamente en los elementos formales de la mancha.

Son las respuestas más habituales. Los sujetos suelen decir "es parecida" o directamente describen características formales.

EJEMPLOS:

*Aquí está el cuerpo de la mariposa, éstas son sus alas, éstas las antenas.*
*Esto es una hoja, se le parece, tiene la forma de una hoja.*

SIGNIFICADO:

Dar una respuesta cuyo determinante es "forma" implica poner en marcha un proceso de control intelectual: el sujeto debe poder centrar su atención, evocar huellas mnémicas (las que posee del objeto), ajustar el recuerdo de sus percepciones al contorno de la mancha y verificar si hay adecuación entre ambos. Es una tarea de discriminación que implica la puesta en marcha de funciones yoicas.

Por lo tanto, evaluar las respuestas F, tanto en su cantidad como en su calidad, permitirá ver qué grado de ajuste a lo convencional posee un sujeto cuando evalúa la información disponible de una manera sencilla, dejando de lado aspectos emocionales. Es un buen indicador de las posibilidades de atención y concentración.

## 2) MOVIMIENTO

Se codifican como respuestas de movimiento todas aquellas en las que aparezca algún tipo de actividad realizada en tiempo presente.

Todas las respuestas de movimiento llevan un superíndice: "a" (acción activa) o "p" (acción pasiva). El acuerdo al cual se llegó para discriminar ambas categorías fue considerar el verbo "hablar" como frontera: éste se considera pasivo y se toma como referencia.

EJEMPLOS:
Movimientos activos: *gritar, saltar, mirar con furia, jugar, correr, explotar, romper, vibrar.*

Movimientos pasivos: *estar sentado, mirar, suspirar, planear, resbalar, sangrar, caer, menstruar.*

### Respuestas de Movimiento Humano (M)

Llevarán código M:

a) Las respuestas que identifiquen algún tipo de actividad propia de los humanos, aunque se atribuyan a animales, muñecos o seres irreales, vistos en forma completa o parcial (cuando existe duda sobre si la actividad es humana o animal, se codifica M).
b) Las respuestas que impliquen una experiencia sensorial.

EJEMPLOS:
*Personas jugando, payasos saltando, Súperman volando, una bruja enojada, un hombre levantando los brazos, persona pensando, osos bailando un vals depresión, violencia, palpitación cardíaca, erección, la cabeza de un lobo sonriendo, una mano saludando.*

SIGNIFICADO:
Los movimientos no existen en las láminas, por lo tanto, cuando un sujeto los da, está realizando un proceso de creación. Cuando se perciben seres humanos en actividad, se están estableciendo relaciones y/o dando vida a algo, es decir, se está aña-

diendo al estímulo algo que no está en él. Dar respuestas M implica el uso de mayor reflexión, capacidad para demorar la respuesta, mayor compromiso, mayor proyección de fantasías. Las personas más inteligentes, imaginativas, con capacidad de introversión e interesadas en cuestiones ligadas al ser humano, suelen dar respuestas M.

Los Movimientos Humanos, como todos los determinantes, deben ser evaluados tomando en cuenta su cantidad y su calidad. Además, es necesario tomar en cuenta el superíndice predominante (activo o pasivo).

Si en un protocolo aparecen varias M y la Calidad Formal es buena, probablemente estemos frente a sujetos con buenas capacidades para las relaciones interpersonales, inteligentes y creativos. Suelen dar este tipo de respuestas personas que se desempeñan adaptativamente en puestos de conducción, en actividades en las cuales se requiera iniciativa, despliegue de potencialidades creativas y/o una visión realista de los demás.

Las respuestas M de mala Calidad Formal son muy poco frecuentes en evaluaciones laborales y siempre constituyen un indicador preocupante: habrá que analizarlas con cuidado con relación al resto del material (sujetos esquizofrénicos suelen darlas).


## Respuesta de Movimiento Animal (FM)

Llevarán código FM todas aquellas respuestas en las que se identifique algún tipo de actividad propia de los animales. El movimiento percibido debe ser adecuado a esa especie. Si el movimiento no es propio de la especie, se codifica M.

Ejemplos:
*Perros ladrando, osos parados, paloma volando, cabeza de león durmiendo, tigres corriendo, pez nadando.*

Significado:

La FM parece correlacionar con procesos ideativos provocados por estados de insatisfacción de necesidades básicas, tanto primarias (hambre, sed, etcétera) como secundarias (logro, prestigio, etcétera). Sería el tipo de ideación que aparece cuando no estamos pensando deliberadamente en algo concreto, cuando dejamos flotar nuestro pensamiento, pero también es la actividad mental que nos mantiene despiertos cuando intentamos dormir y que (salvo en el caso de insomnios crónicos) procede de preocupaciones o estados de necesidades no gratificadas (Exner y Sendín, 1995).

Parece ser que los valores de FM son estables en la vida de un individuo. Se espera que aparezcan siempre este tipo de respuestas. "Probablemente su ausencia no supone la eliminación de las necesidades básicas, sino la eliminación de su registro por parte del sujeto, lo cual podría crear otros problemas aun mayores a medio o largo plazo. Cabe recordar que no es lo mismo no necesitar alimento, que no registrar la sensación de hambre" (Exner y Sendín, 1995).

En el caso de que aparezca aumentada la frecuencia de FM, estaremos frente a un sujeto que sufre una fuerte tensión interna. En lo laboral, es probable que se vean afectados los procesos de atención y concentración. Como es una variable estable, es esperable que estas falencias sean duraderas (y no transitorias, como ocurre con las dificultades que suelen aparecer en un sujeto que está atravesando una crisis).

## Respuestas de Movimiento Inanimado (m)

Llevarán código "m" todas aquellas respuestas en las que se identifique algún tipo de actividad que no sea propia de los humanos ni de los animales. Se codifica también con "m" aquellos casos en que existe una tensión que no sea natural.

Ejemplos:
*Avión volando; nube corriendo; fuego subiendo; un cuero de vaca estaqueado, estirándose; un tapado colgando de una percha; cera chorreando.*

Significado:
Las respuestas "m" suelen aparecer en protocolos de personas que están padeciendo malestares reactivos. Tenemos que considerar que el desempleo y la búsqueda de trabajo son en sí mismas situaciones altamente ansiógenas. Investigaciones realizadas con el Test de Zulliger administrado a desempleados, confirmaron la hipótesis de que las personas sin empleo experimentan una aflicción que está relacionada con la duración de su desempleo (Uhinki, 1996): a mayor tiempo de desempleo, mayor ansiedad, y es probable que "m" esté incrementada.

Por lo tanto, la presencia de una respuesta "m" no tendrá en sí misma ningún valor de discriminación cuando se realiza una evaluación laboral. Si aparecen dos o más, probablemente el sujeto esté atravesando además alguna otra situación estresante que interfiere en sus posibilidades de pensar. Mientras la situación externa no se modifique, el rendimiento concreto de la persona se verá disminuido.

A diferencia de lo que pasa con FM, "m" es una variable inestable, que tenderá a variar a medida que los factores perturbadores cedan.

## 3) COLOR CROMÁTICO

Se codifican como Respuestas de Color todas aquellas en las que el color cromático es un factor que interviene en la formación de lo percibido.

El color cromático representa el conjunto de afectos cuya activación o cese dependen de una decisión del sujeto, independientemente de que, una vez iniciada las acción, se pueda mantener su control hasta el final. Es decir, estas respuestas son el corolario de situaciones en las que el sujeto inicia deliberadamente una conducta de descarga, aunque no sea capaz de controlar su intensidad (Exner y Sendín, 1995).

La incidencia de la forma que acompaña a las respuestas de color cromático señala el grado de control sobre esos afectos.

En el Sistema Comprehensivo de Exner las respuestas que utilizan el color cromático se diferencian por cuatro símbolos:

- C (Color Puro)
- CF (Color-Forma)
- FC (Forma-Color)
- Cn (Color Nominal)

Es una regla que la codificación tiene que reflejar la verbalización del entrevistado.

Si un sujeto da una respuesta en una zona de color, donde habitualmente se suelen dar respuestas que tienen como determinante el color, pero no lo menciona, no debe codificarse color. Por ejemplo, en la lámina II, decir "dos pulmones, tienen la forma de pulmones, se le parecen", se codificará F.

Gran parte de las dificultades para discriminar si una respuesta es de CF o de FC podrían allanarse si la encuesta se realiza de una manera cuidadosa. Decir de manera no sugerente "no estoy seguro de verlo como usted lo ve, por favor, ayúdeme", interrogar sobre las palabras clave, habitualmente orienta al evaluador acerca de cuál es la codificación correcta.

### *Respuestas de Color Puro (C)*

Son las respuestas basadas exclusivamente en el color cromático de la mancha. No aparece la forma como determinante.

EJEMPLOS:
*–Sangre.*
*–Coral, por el color.*

Las respuestas C se dan tanto en sujetos que presentan fallas en la posibilidad de control intelectual sobre la experiencia afectiva como en sujetos que son "teatrales" en la expresión de sus afectos.

Siempre que aparezca una o más respuestas C, existe la posibilidad de estar frente a alguien que puede tener conductas impulsivas: la evaluación integral permitirá formular hipótesis más confiables sobre la frecuencia e intensidad esperable de ellas. Resulta razonable considerar siempre la posibilidad de conductas desadaptadas (las dan sujetos "que explotan", violentos, descontrolados, agresivos) pero sin olvidar que también aparecen en protocolos de personas que son altamente expresivas en sus emociones pero que no presentan rasgos impulsivos.

## Respuestas de Color-Forma (CF)

Son aquellas en las que fundamentalmente es el color cromático de la mancha lo que sugiere la respuesta. Los rasgos formales también están incluidos, pero de una manera secundaria.

EJEMPLOS:
  —*Un pedazo de tierra marrón, tiene forma alargada.*
  —*El fuego de un hogar, éstos son los leños.*

SIGNIFICADO:
Las respuestas CF señalan la presencia de aspectos emocionales que suelen escapar al control intelectual. Se dan en sujetos que con facilidad establecen contacto con los demás, intuitivos, que expresan sus sentimientos de manera abierta, a los que les gusta influir sobre otros. Sujetos enérgicos, decididos, dan también respuestas CF.

Aparecen estas respuestas en personas que pueden cubrir tareas que implican riesgo y empuje.

## Respuestas de Forma-Color (FC)

Son respuestas en las que el determinante principal es la forma, y el color se usa para enriquecer la respuesta.

EJEMPLOS:
  —*Una mariposa muy linda, es roja.*
  —*Aquí, dos peces nadando, son verdes.*

Las respuestas FC indican que la experiencia afectiva ha sido moderada por elementos de control intelectual. Esperamos que aparezcan estas respuestas en sujetos maduros, que pueden manejarse ante los estímulos externos de una manera serena, tamizando sus afectos para permitirles una manifestación que resulte adaptada.

En protocolos de personas que deben trabajar en tareas que requieran prudencia y tacto en las relaciones con los demás, sería preferible que contaran con este tipo de respuestas: jefes de personal, profesores, coordinadores de equipos de trabajo son algunos de los ejemplos posibles.

## Respuestas de Color Nominal (Cn)

Debe codificarse como Cn siempre que el sujeto se haya referido a un área cromática por su nombre (rojo, marrón, verde) y haya tomado esa referencia como respuesta.

No se consideran Cn aquellos comentarios que alguien puede hacer cuando ve una lámina cromática. Ejemplos: *"¡Qué lindos colores!"*, *"¡Cuántos colores hay aquí!"*, *"Esta lámina de colores no me gusta"*.

"La mayoría de las respuestas Cn son emitidas con una actitud casi mecánica o desapegada, manifestando las dificultades que el sujeto experimenta para integrar cognitivamente la complejidad del material estimular" (Exner, 1995).

Ejemplos:
–*En el centro, rojo.*
–*Abajo, marrón.*

Significado:
Este tipo de respuesta no es frecuente en evaluaciones laborales. Aparece en sujetos muy perturbados (se ha visto en casos de lesión cerebral), por lo tanto su presencia debe ser cuidadosamente cotejada con el resto del protocolo.

El significado final de las respuestas de color no puede encontrarse interpretando los determinantes de manera aislada: deberá considerarse la proporción FC:CF+C (que se verá más adelante) y evaluarlos en relación con el resto del protocolo.

## 4) COLOR ACROMÁTICO

Se codifican como respuestas de Color Acromático todas aquellas en que el blanco, el negro o el gris de la mancha son tomados como color y como un factor que interviene en la formación de lo percibido.

Las diferentes maneras en que participan los contornos de la mancha en la formación de la respuesta permiten, al igual que en las respuestas de color cromático, considerar tres códigos:

- C' (Color Acromático Puro)
- C'F (Color Acromático-Forma)
- FC' (Forma-Color Acromático)

## Respuestas de Color Acromático Puro (C')

Son las respuestas basadas exclusivamente en el color acromático de la mancha. No aparece la forma como determinante.

EJEMPLOS:
*–Es tinta negra.*
*–Aquí, en lo blanco, parece sal.*

## Respuestas de Color Acromático-Forma (C'F)

Son respuestas sugeridas fundamentalmente por el color acromático de la mancha. Los rasgos formales también están incluidos, pero de una manera secundaria.

EJEMPLOS:
*–Un pedazo de carbón negro, tiene forma redonda.*
*–Una nube de tormenta, es negra, aquí se ve alargada.*

## Respuestas de Forma-Color Acromático (FC')

Son respuestas en las que el determinante principal es la forma y el color acromático también interviene.

EJEMPLOS:
*–Un abrigo negro.*
*–Aquí, una palomita blanca.*

SIGNIFICADO:
C' es un valor estable, poco sujeto a fluctuaciones situacionales. En el Test de Zulliger, por la naturaleza del estímulo, suelen darse más respuestas de color acro-

mático que en el Rorschach. En ambas pruebas, cuando aparecen valores aumentados, es un indicador de problemas de tipo crónico.

> Representa una forma de constricción afectiva, un freno a la expresión emocional. El sujeto que da varias C' en su protocolo es una persona que tiende a morderse la lengua en lugar de hablar, de manera que, en vez de registrar un alivio por la externalización o descarga de algún afecto, lo interioriza, no permite su salida y con ello aumenta su malestar interno (Exner y Sendín, 1995).

Suele darse en personas sensibles. Es frecuente que C' aumentada aparezca en casos psicosomáticos y depresivos. Como se trata de afecto no expresado, que se mantiene oculto, la consecuencia para el sujeto es el sufrimiento y aumento de la tensión interna. La presencia de C' aumentada no es recomendable en protocolos de personas que deban realizar tareas que requieran serenidad: presiones externas suelen ser difíciles de tolerar para quienes ya están abrumados por tensiones internas.

## 5) SOMBREADO

Los componentes del sombreado de la mancha se usan para justificar la respuesta. Pueden ser respuestas dadas en los grises o en zonas de color.
Los códigos que Exner considera para las respuestas de sombreado son:

- T: Textura
- V: Vista
- Y: Sombreado Difuso

### Respuestas de Textura (T)

Se codifica T cuando hay impresión táctil. El sujeto debe indicar de algún modo que está utilizando el sombreado para dar su respuesta. El tocar la lámina, el hacer gestos con los dedos se consideran evidencias suficientes para codificar textura. El objeto es visto como: blando, duro, suave, áspero, sedoso, granuloso, peludo, frío, caliente, pegajoso, grasiento.
De acuerdo con el grado en que participa la forma en la respuesta, el determinante textura se puede codificar de tres modos: respuestas de Textura Pura (T), de Textura-Forma (TF) y de Forma-Textura (FT).

EJEMPLOS:
–T: *madera, carne, hielo, esponja, lana mullida, grasa.*
–TF: *trozo de esponja redondeado, pedazo de vidrio pulido con puntas.*
–FT: *cabeza de mono peluda, pájaro de plumas aterciopeladas.*

Significado:

Las respuestas de Textura se relacionan con necesidades de cercanía y contacto emocional. Este tipo de respuesta "representa el malestar que se siente cuando se registran este tipo de necesidades y se experimenta como algo semejante a los sentimientos de soledad, abandono o privación afectiva" (Exner y Sendín, 1995).

En la muestra del Test de Zulliger tomada en Buenos Aires, Textura resultó ser el menos común de los sombreados (investigaciones realizadas con el Rorschach en otros países latinoamericanos coinciden en dar también menor frecuencia de Textura que la muestra de Exner en Estados Unidos). Por lo tanto, para la población de Buenos Aires, si aparece más de una respuesta de Textura en el Test de Zulliger, podrá considerarse un indicador significativo de mayor necesidad de contacto. Puede aumentar ante una reciente pérdida afectiva importante.

Señala mayor dificultad que la habitual para desprenderse de algo cuando se ha logrado un arraigo. Sujetos cautelosos, dependientes, capaces de "ponerse la camiseta de la empresa", que buscan la aprobación de sus conductas, suelen dar respuestas de este tipo. Suele encontrarse en personas que han permanecido bastante tiempo en sus lugares de trabajo y/o que se han desvinculado de ellos con gran sufrimiento.

Si las M y los Contenidos Humanos se apartan de lo convencional, es probable que la persona busque la cercanía con otros, pero su visión poco realista de los demás lo pondrá en riesgo de desplegar conductas desadaptadas.

## Respuesta de Vista (V)

Se codifica V cuando se interpreta el sombreado como profundidad o dimensionalidad. Algo se ve delante, sobresaliendo. Las transparencias, cuando la percepción indica más de un plano, son V.

De acuerdo con el grado en que participa la forma en la respuesta, el determinante vista se puede codificar de tres modos: respuestas de Vista Pura (V), de Vista-Forma (VF) y de Forma-Vista (FV).

Ejemplos:
–V (es rara): *profundidad, perspectiva, sobresale hacia fuera.*
–VF: *nubes de tormenta, una detrás de otra; un mapa en relieve.*
–FV: *un escarabajo detrás de una hoja, una mujer detrás de una cortina, una planta dentro de un vaso.*

Significado:

Esta variable representa la existencia de fuertes componentes de desvalorización asociados a los procesos de introspección. Indica que cuando el sujeto realiza tareas de autoexamen, las impregna de matices de autocrítica negativa, produciéndose, consecuentemente, sentimientos de desagrado y congoja, que aumentan su sufrimiento psíquico. Es una variable muy poco frecuente (el menos común de los sombreados), por tanto, lo habitual es no encontrarla. Es muy estable, de modo que, cuando aparece, los sentimientos que representa se han cronificado, llevan tiempo actuando en el interior del sujeto y generan una autoestima baja (Exner y Sendín, 1995).

En la evaluación laboral, si aparece este determinante, será conveniente que las actividades que el trabajador realice reciban supervisión periódica: es fácil que el malestar anímico termine perturbando el rendimiento concreto.

## Respuestas de Sombreado Difuso (Y)

Se codifica Y cuando se da una respuesta de sombreado que no es Textura ni Vista.

EJEMPLOS:
–Y: *brillo, niebla, oscuridad, humo.*
–YF: *columna de humo, radiografía, negativo de foto.*
–FY: *cara sucia, mariposa con pintitas, radiografía de pelvis, campanario de iglesia iluminado, un cascarudo brillante, una estatua de granito brillante.*

SIGNIFICADO:
"Y" es (junto con "m") la variable más inestable. Se relaciona con reacciones a situaciones externas que son generadoras de tensión y malestar para el sujeto.

Es el correlato emocional de la m, su equivalente afectivo, se dispara ante acontecimientos externos estresantes y funciona del mismo modo, pero en lugar de responder a un estímulo ideacional generador de tensión, la Y habla de intenso malestar emocional. Según las preferencias estilísticas del individuo, ante una situación externa generadora de malestar, va a reaccionar con un aumento de la tensión recibiendo estímulos ideacionales (m) o con un aumento del sufrimiento, inundándose de emociones paralizantes (Y), o incluso con ambos tipos de estímulos irritativos a la vez (Exner y Sendín, 1995).

Tiene que ver con sentimientos de indefensión, de desvalimiento. Es un "no sé qué hacer", "tragame tierra", que inunda al sujeto. En términos generales, si la Y es mayor que 1, es significativo: el sujeto atraviesa una situación generadora de tensión y tiene un malestar reactivo. Si la fuente de malestar cede, el pronóstico puede ser favorable.

En la medida en que el evaluado habitualmente está pasando por una situación de crisis por la falta de trabajo (o por la necesidad de cambiarlo), conviene ser cuidadosos al considerar este puntaje: la presencia de Y podría estar señalando la existencia de un malestar absolutamente pertinente en relación con el momento que el sujeto está viviendo.

Si Y está aumentada, vale la pena revisar la proporción de los movimientos activos y pasivos: si los pasivos son mayores que los activos, la recuperación es menos probable. La tendencia a la pasividad del sujeto le da un pronóstico desfavorable para la resolución de los problemas.

## 6) FORMA-DIMENSIÓN (FD)

La respuesta contiene impresión de profundidad, perspectiva, distancia o dimensionalidad basada exclusivamente en la forma. El sombreado no interviene en la formación de la respuesta.

Se codifica FD cuando hay algo "atrás de" o "tapado por", cuando se señala que en el fondo se ve algo.

Ejemplos:
—*Dos hombres y dos indiecitos atrás, son más chicos, deben estar más lejos.*
—*Una rata atrás de un arbusto, se ve la cola, esto es el arbusto.*
—*Un señor que tiene un escudo, esto es el escudo, tapa al señor.*

Significado:
Las respuestas FD (igual que las V) dan cuenta de la actividad introspectiva y de la autopercepción. Pero en las FD no existe el preconcepto negativo en el juicio sobre sí mismo que aparece en V.

Si aparecen más de dos respuestas FD, probablemente el sujeto esté dedicando demasiadas energías a su autoevaluación: esto podría verse reflejado en una merma del interés puesto en el mundo externo (tanto en relación con otras personas como en las actividades).

La eficiencia laboral podría verse disminuida: al estar demasiado ocupado en sí mismo, el sujeto corre el riesgo de descuidar otras responsabilidades.

## 7) RESPUESTAS DE PARES Y REFLEJOS

### Respuesta de Pares (2)

Los rasgos de simetría de la mancha inducen a verbalizar que son dos los objetos percibidos y que ambos son idénticos.

—*Acá, una abeja y acá también.*
—*Dos personas conversando.*
—*Un par de búfalos enfrentados.*

SIGNIFICADO:

Dan aumentadas este tipo de respuestas sujetos autocentrados. Por el contrario, no aparecen en personas que tienen escasa consideración de sí mismas. En el primer caso, son personas que tienen dificultades para ver los hechos desde otro punto de vista que no sea el propio. Pueden presentar algunos problemas de adaptación si deben realizar tareas que impliquen conciliar ideas con otros.

## *Respuesta de Reflejos*

Se basan (como las respuestas de Par) en la simetría de la mancha, pero aquí algo es visto como el reflejo de otra cosa. Cuando se codifica el determinante Reflejo, no se codifica Par.

De acuerdo con el grado en que participa la forma en la respuesta, el determinante Reflejo se puede codificar de dos modos: respuestas de Reflejo-Forma (rF) y de Forma-Reflejo (Fr).

EJEMPLOS:

—rF (es rara): *roca, sombra o lluvia reflejadas.*
—Fr: *paisaje reflejado en un río, una persona y su reflejo en un espejo.*

SIGNIFICADO:

Sin que señale automáticamente por sí sola una situación patológica, la presencia de reflejo puede interpretarse como un elemento entorpecedor del logro de la madurez personal y del equilibrio de las decisiones y conductas del individuo. Las características de tipo narcisista en la organización de la personalidad dan lugar a un estilo básico de respuesta que genera una necesidad de reafirmación o confirmación continua y exagerada de la propia valía. Generalmente el sujeto va a aumentar sus aspiraciones a posiciones de relevancia social y a utilizar de modo abusivo la racionalización, la actuación y la negación, lo cual le puede predisponer a la desadaptación (Exner y Sendín, 1995).

Las respuestas de Reflejo son estables: señalan una tendencia habitual en la persona. Aparentemente personas pertenecientes al clero, cirujanos y gente de teatro han dado respuestas de Reflejo sin que esto implicase conductas desadaptadas. Es probable que si un sujeto cuenta con buenos recursos y debe desempeñarse dentro de un entorno que lo admira, este rasgo narcisista puede funcionar como motor para generar otros logros. Personas con vocación de liderazgo suelen dar estas respuestas.

# 8) DETERMINANTES MÚLTIPLES

Se denomina "Respuesta Compleja" a aquella que tiene más de un determinante. En estos casos, cada determinante se codifica separándolo por un punto de los demás.

EJEMPLO:
*Dos personas bailando alrededor de un fuego* (y luego, en la encuesta, aclara que el color rojo le dio la idea de fuego), los determinantes se codifican Ma.C.

Cada determinante se codifica en el orden en que aparece en la fase de respuesta.

EJEMPLO:
*Aquí hay fuego, alrededor bailan dos personas*, se codifica C.Ma. (compararlo con el ejemplo anterior).

Los determinantes no se repiten. Si en una Respuesta Compleja aparecen subcategorías de un mismo determinante, se pondrá como código el que implique menor énfasis en la forma.

EJEMPLO:
*Es un incendio en el bosque: acá se ve el fuego y hay dos búfalos marrones enfrentados.*

*Fuego* se codificaría C, *búfalos marrones* se codificarían FC. Como el código C es el que implica menor énfasis en la forma, la respuesta completa debe codificarse C.FMa.

# 4. Calidad Formal (FQ)

En los tests de manchas se habla de ajuste o control de la realidad para aludir al grado de adecuación entre lo que el sujeto dice ver y los contornos que la mancha efectivamente tiene.

En su Sistema Comprehensivo, Exner adoptó un criterio estadístico para definir ese ajuste. "El ajuste perceptivo va a medirse a través de lo que la mayoría de la gente percibe en cada área de las manchas, ése será el criterio a utilizar y, por tanto, deberemos hacer hincapié en que, en lugar de respuestas bien o mal vistas en cuanto a su ajuste, habrán de ser entendidas como frecuentes o infrecuentes, usual o raramente percibidas" (Exner y Sendín, 1995).

Siguiendo este criterio, la totalidad de la prueba puede tomarse como una medida del grado de convencionalidad de una persona. Se compara a una persona con su grupo de referencia y se evalúa en qué grado (y de qué manera) sus percepciones difieren o se parecen a las de la mayoría. A partir de esto se establecen hipótesis con respecto al tipo de conductas que es posible esperar en ella.

La Calidad Formal o "ajuste" de la respuesta a la zona de la mancha empleada es un elemento cuantificable. En el Sistema Comprehensivo de Exner, la evaluación de la Calidad Formal se hace mediante una escala de cuatro puntos, cada uno con un código propio. Comprende las categorías Superior, Ordinaria, Única y Menos. El criterio utilizado para confeccionar esta escala es la frecuencia de aparición de las respuestas. Veamos cada una de ellas.

## TIPOS DE RESPUESTA

### Respuesta "+", Superior-Elaborada

"Hay una articulación inusualmente detallada de la forma en respuestas que de otro modo serían codificadas como ordinarias, y que tiende a enriquecer la calidad de la respuesta sin merma de la adecuación formal. La respuesta + no necesita ser original, sino que lo singular en ella es el modo en que se usan y especifican los detalles formales" (Exner, 1995).

EJEMPLO:

En lámina I, W, *un escarabajo, se ve la cabeza, los ojos, la boca. Éstas podrían ser las patitas, aquí adelante las pinzas. Es redondeado, lustroso, se lo ve brillante.*

## Respuesta "o", Ordinaria

"Es la respuesta común, en la que el objeto es identificado mediante una fácil articulación de las características formales generales. Estas respuestas son fáciles de ver [...] La respuesta no aparece enriquecida mediante una elaboración detallada de sus características formales" (Exner, 1995).

EJEMPLO:

En lámina I, W, *un escarabajo.*

## Respuesta "u", Única

"Es una respuesta poco frecuente, pero cuyos contornos básicos no están significativamente forzados. Son respuestas raras y, a la vez, que pueden ser vistas con rapidez y facilidad por el observador" (Exner, 1995).

EJEMPLO:

En lámina III, posición >, en la mitad superior del detalle rojo central, *un pollito mirando para arriba* (en la encuesta lo describe de tal modo que se ve con rapidez y facilidad: *está de espaldas, se ve el pico hacia arriba y hacia la derecha, aquí atrás está la cola levantada*).

## Respuesta "-", Menos

"La respuesta se organiza usando la forma de manera distorsionada, arbitraria y carente de realismo. La respuesta resulta impuesta sobre la estructura de la mancha con total o casi total desprecio por los contornos del área usada. Con frecuencia aparecen líneas o contornos claramente arbitrarios donde no existen" (Exner, 1995).

EJEMPLO:

En lámina I, W, *los intestinos de una persona.*

### Respuesta "sin FQ"

Hay algunas respuestas que pueden no tener forma, como en el caso de *sangre, depresión*; en ese caso no se coloca calidad formal (se codifica "sin FQ").

### La codificación de la Calidad Formal

Exner señala que, ante la duda sobre cómo codificar una respuesta, es preferible poner "menos", porque prácticamente en todos los protocolos aparecen algunas respuestas "menos": su presencia es significativa sólo si la frecuencia de aparición es alta. Para adjudicar la FQ de una respuesta se empieza por el examen de la "Tabla para la Codificación de la Calidad Formal de las Respuestas". Esta tabla presenta una serie de respuestas, lámina por lámina, según las áreas de localización.

Cada ítem de la tabla viene identificado como Ordinario (o), Único (u), Menos (-) o Sin (sin).

En el caso de respuestas de contenidos múltiples (combinados), para adjudicar la FQ se verá:

   a) Si el área utilizada está compuesta por dos o más percepciones que, como percepciones separadas, son ambas ordinarias, la percepción combinada se codifica "o".
   b) Si una o ambas son inusuales, la respuesta se codifica "u".
   c) Si una o ambas son menos, la respuesta se codifica "-".
   d) Si la respuesta tiene varios objetos cuya calidad formal no es la misma, se asigna la calidad formal menos favorable, salvo en el caso de que se mencione un objeto de manera claramente secundaria respecto de la respuesta como totalidad. Por ejemplo, si en la lámina III alguien dice *dos personas bailando entre telas rojas*, se le atribuiría la calidad formal correspondiente a "dos personas" (o sea, "o") porque en la percepción éste es claramente el objeto central.

## ¿QUÉ SIGNIFICA LA CALIDAD FORMAL?

La calidad formal de las respuestas refleja la actitud con que una persona mantiene contacto con el mundo objetal. Las consideraciones diagnósticas más importantes se hacen tomando en cuenta la calidad formal de las respuestas.

La inadecuación perceptiva, el malinterpretar la realidad, suele darse con mayor frecuencia en sujetos psicóticos. Una consecuencia es que en las respuestas dadas por estas personas en el Test de Zulliger aparecen significativamente elevados los porcentajes de respuestas de mala calidad formal.

La calidad formal evalúa el rendimiento del sujeto, su eficacia práctica, comparándolo con lo que es convencional. Se retomará el tema de la Calidad Formal en el análisis cuantitativo.

# 5. Contenidos y Popularidad

Toda respuesta debe codificarse por su contenido y, posteriormente, hay que comprobar si pertenece a la lista de respuestas que aparecen con mucha frecuencia, es decir, si es una respuesta Popular. En el Sistema Comprehensivo, los contenidos se codifican con los siguientes símbolos:

| Símbolo | Definición | Ejemplos |
|---|---|---|
| H | Figura humana completa | *Personas, un hombre, un chico, una mujer.* |
| (H) | Figura humana completa irreal | *Súperman, bruja, fantasmas, ángeles, monstruos.* |
| Hd | Detalle humano | *Una cabeza, el brazo de un señor, un pie, una mano.* |
| (Hd) | Detalle humano en alguien irreal | *Cabeza de diablo, manos de un ángel.* Todas las máscaras se codifican (Hd). |
| Hx | Experiencia humana | Emociones humanas o experiencias sensoriales: *amor, alegría, felicidad, ruido, depresión, una abeja contenta, dos personas apesadumbradas.* |
| A | Figura animal completa | *Perro, osos, araña, peces.* |
| (A) | Figura animal completa irreal | *Dragón, unicornio.* |
| Ad | Figura animal incompleta | *Patas de un perro, cabeza de gorila, pinza de cangrejo, alfombra de cuero de animal.* |
| (Ad) | Figura animal irreal incompleta | *La cabeza de un dragón.* |
| An | Anatomía | *Corazón, pulmones, vértebras.* |

→

| | | |
|---|---|---|
| Art | Arte | Se perciben: *pinturas, dibujos, ilustraciones, esculturas, objetos de arte, blasones, adornos.* |
| Ay | Antropología | Percepciones con connotaciones culturales o históricas específicas: *tótem, el sable de San Martín, corona incaica.* |
| Bl | Sangre | *Sangre humana o animal.* |
| Bt | Botánica | Cualquier vida vegetal: *flores, árboles, arbustos, hojas, raíz.* |
| Cg | Vestidos | *Camisa, cinturón, sombrero, pollera.* |
| Cl | Nubes | Se usa sólo para nubes. Niebla o bruma se codifica Na. |
| Ex | Explosión | *Explosión de una bomba, estallido de fuegos artificiales.* |
| Fd | Comida | *Pollo a la parrilla, manzana, caramelo, helado.* |
| Fi | Fuego | *Fuego, humo, llamas.* |
| Ge | Geografía | Cualquier tipo de mapa. |
| Hh | Hogar | Cosas del hogar: *cuchillo, silla, plato, florero.* |
| Ls | Paisaje | *Montaña, islas, caverna, pantano, vistas marinas.* |
| Na | Naturaleza | *Sol, planeta, cielo, río, nieve, niebla, bruma, tormenta, lluvia.* |
| Sc | Ciencia | Objetos asociados a la ciencia: *coches, edificios, armas, barcos, computadora.* |
| Sx | Sexo | Percepción de órganos sexuales o actividades sexuales: *pene, vagina, pechos, menstruación, coito.* |
| Xy | Radiografía | Radiografías de cualquier tipo. |

Exner señala que cuando aparece algún contenido que no es posible incluir en ninguna de las categorías mencionadas, se considerará "contenido ideográfico". Su código es Id.

Para no incrementar el llamado "Índice de Aislamiento" (véase la sección "Cálculos numéricos" en el capítulo 8), Exner adopta los siguientes criterios: a) Si una respuesta incluye los contenidos Na y Bt o Ls, se codifica sólo Na; b) si una respuesta incluye los contenidos Bt y Ls, se codifica sólo uno de ellos.

Cuando una respuesta tiene varios contenidos, deben codificarse todos. La manera de hacerlo es incluirlos (separados por comas) colocando primero el principal de la respuesta.

EJEMPLOS:
—*Son dos personas que dejan caer pañuelos,* se codificará H,Cg.
—*Una montaña que tiene árboles*, se codificará Ls.
—*Una tormenta, se ven islas y hojas volando*, se codificará Na.

La experiencia en evaluaciones laborales indica que hay una serie de contenidos que es útil diferenciar porque, asociados a otros indicadores (incremento de respuestas C y CF, aumento de S), se han encontrado con cierta frecuencia en protocolos de personas que han robado. Ellos son: mano, garra, pinza, guante, diablo, máscara y/o disfraces.

## LA INTERPRETACIÓN DE LOS CONTENIDOS

En la interpretación de los contenidos, como en todo análisis, es útil leer cada información primero por separado, para luego reunirla con el resto en una síntesis integradora. Los dos pasos son necesarios y brindan (en su complemento) riqueza interpretativa. Decir que si una persona dio como respuesta *máscara* significa que "está ocultando algo", es un disparate: no tiene ninguna fundamentación que lo avale. Pero sería un descuido no considerar la posibilidad de que esa hipótesis sea factible.

La alternativa más simple parece ser realizar la evaluación de los contenidos por pasos:
1) Evaluaciones aisladas. Los contenidos se verán en sí mismos (¿cuáles son?, ¿qué podrían significar?).
2) Buscar agrupaciones de contenidos (¿con qué frecuencia aparecen?, ¿qué temas se repiten?) que permitan formular hipótesis tentativas.
3) Buscar su validación con el resto del material.

En el ejemplo anterior, si la respuesta *máscara* aparece como un dato aislado, donde no se dan otros indicadores que señalen la presencia de tendencia al ocultamiento, la hipótesis puede descartarse. Si formularla permitió investigar un punto específico, fue útil. Que quede descartada no le resta valor como parte del proceso de evaluación. Justamente de eso se trata: de formular hipótesis y someterlas a verificación.

Teniendo presente lo anterior, se realizarán algunas consideraciones generales sobre los contenidos.

## a) Respuestas de Contenido Humano y Experiencia Humana

Las respuestas de Contenido Humano señalan el interés por las personas en general. El tipo de contenido humano que aparece es importante. Veamos cada uno de ellos:

- H: señala una percepción realista de los demás y de sí mismo.
- Hd: señala una percepción parcial, teñida de suspicacia.
- (H): implica que la percepción de los demás y de sí mismo está excesivamente deformada por la fantasía.
- (Hd): hay una visión muy poco realista de lo humano.

Todas las tareas en las que se necesite comprender y/o ponerse en el lugar de otros, adaptar la propia conducta a los requerimientos de los demás, serán desempeñadas mejor por personas que den figuras humanas completas. Si además aparecen movimientos cooperativos (véase en el capítulo 7 "Códigos Especiales"), es probable que estemos frente a alguien capaz de ser amable y cooperador. Si los contenidos H son escasos, probablemente se trate de una persona con dificultades en las relaciones interpersonales.

Además de la frecuencia con la que aparecen, se puede obtener información evaluando el aspecto proyectivo de la respuesta, del mismo modo que cualquier otra producción verbal. No es lo mismo *guerrero* que *bebé en brazos de su mamá, bruja* que *ángel, una persona durmiendo* que *una persona saltando.*

Las respuestas de experiencia humana suelen aparecer en protocolos de sujetos que tienen una pobre imagen de sí mismos y utilizan la intelectualización para ignorarlo.

El tipo peculiar de experiencia humana que se describe orientará sobre hipótesis posibles: respuestas tales como *odio, miedo, ira* es probable que aparezcan en sujetos que se sienten muy presionados por tensiones. En estos casos, habrá que considerar la posibilidad de desajustes en el desempeño laboral concreto, especialmente si se trata de puestos de trabajo que requieren serenidad y toma de decisiones.

## b) Respuestas de Contenido Animal

Son las más frecuentes: dan una idea de la amplitud de intereses que posee el sujeto.

El porcentaje de repuestas de contenido animal se calcula considerando las respuestas A+Ad en comparación con la totalidad de las demás. Se esperan porcentajes que oscilen entre el 35 y el 50 %.

– A% mayor que 50 %: Probablemente se trate de una persona con intereses restringidos. Este porcentaje no indica cuál o cuáles son los temas de interés (podría ser una creencia religiosa, un deporte, una teoría, etcétera), habitualmente, en la entrevista se pueden encontrar referencias al respecto. En la vida cotidiana, son sujetos a los que no se los puede sacar de unos pocos y determinados temas que concentran su atención. Cuando las actividades que deben desempeñar coinciden con sus gustos, son personas dedicadas, capaces de poner mucha más energía que la mayoría al servicio de la tarea.

– A% menor que 35 %: Señala la presencia de cierta labilidad de intereses. Personas a quienes hoy les entusiasma algo y mañana otra cosa suelen tener disminuido el A %. En algunos casos se tratará de sujetos imaginativos, que pueden sostener la continuidad en los trabajos, pero difícilmente se "pondrán la camiseta" durante un tiempo prolongado.

Del mismo modo que con los contenidos humanos, evaluar el aspecto proyectivo de la respuesta brinda mucha información. Son significativas las diferencias, por ejemplo, entre los siguientes contenidos: *toro embistiendo una roca* y *palomita planeando*, *dinosaurio* y *ameba*, *pata de elefante* y *ala de un mosquito*.

## c) *Respuestas de contenido Anatomía (An), Radiografía (Xy) y Sexo (Sx)*

Las respuestas de contenido Anatomía y Radiografía señalan una mayor preocupación que la habitual por el propio cuerpo. Se ha señalado que protocolos de personas que padecen trastornos psicosomáticos con componentes hipocondríacos, suelen dar varias respuestas con estos contenidos. También suelen aparecer en médicos y enfermeras.

Es muy raro que las respuestas de contenidos sexuales aparezcan en evaluaciones laborales. Lo más habitual es que (si percibe estos contenidos) el sujeto se autocensure y los omita. Muy probablemente la misma persona, en situación de consulta clínica, verbalizaría su percepción.

Es de mal pronóstico laboral la presencia de respuestas de contenido Sexo en puestos de trabajo que requieran prudencia y tacto para tratar con otros. Señalan la posibilidad de que el sujeto incurra en comportamientos que sean desubicados, "fuera de lugar".

Si aparecen movimientos agresivos (véase en el capítulo 7 "Códigos Especiales") y predominio de respuestas C y CF sobre FC, es probable que se trate de una persona impulsiva, que puede tener exabruptos y dificultades en las relaciones interpersonales.

### d) Respuestas de Contenido Arte (Art) y Antropología (Ay)

Exner obtiene el Índice de Intelectualización relacionando las respuestas de Contenido Arte y Antropología con el código especial Abstracción (AB), que se verá más adelante.

### e) Respuestas de Contenido Botánica (Bt), Nubes (Cl), Geografía (Ge), Paisaje (Ls) y Naturaleza (Na)

Relacionando todas estas respuestas, Exner obtiene el Índice de Aislamiento (se verá más adelante).

El Índice de Aislamiento es significativo cuando está elevado. En estos casos, probablemente el sujeto tenga dificultades serias para adaptarse a trabajos en los que la interacción fluida con los demás sea un requisito deseable. Se desempeñará mucho más cómodo (y, por lo tanto, mejor) en tareas solitarias.

### f) Respuestas de contenido Vestidos (Cg)

Aparecen en personas preocupadas por brindar una imagen externa que sea bien recibida por los demás. Es más frecuente en mujeres.

En algunos casos, las respuestas de contenido Vestidos poseen un alto valor simbólico (por ejemplo, todos los disfraces pueden pensarse como intentos de ocultamiento); en otros, su presencia no resulta tan significativa (especialmente si se trata de una sola respuesta con este contenido).

### g) Respuestas de contenido Sangre (Bl), Fuego (Fi) y Explosión (Ex)

Suelen dar estos contenidos personas con dificultades en el manejo de sus aspectos agresivos.

Siempre que aparezcan, habrá que contemplar el riesgo de que se manifieste de manera directa o indirecta una hostilidad exagerada. La agresión podría aparecer dirigida hacia sí mismo o hacia los demás.

Sujetos que dan estas respuestas suelen tener más dificultades que la mayoría para tolerar tensiones sin sucumbir al descontrol. La evaluación de las condiciones del entorno laboral debe realizarse con cuidado: si a las presiones internas se le suma un contexto externo desfavorable, el sujeto quedará ubicado en una situación muy difícil de superar.

## h) Respuestas de contenido Comida (Fd)

Son muy infrecuentes. Suelen darlas personas dependientes.

Si en el protocolo aparecen además respuestas de Textura, es probable que se trate de alguien que necesita la cercanía de otros y que puede ser excesivamente maleable frente a las influencias externas. Estas personas suelen adaptarse mejor a las tareas organizadas, que no requieren toma de decisiones y que reciben una supervisión cercana. Es habitual que los jefes con estilo paternalista encuentren en ellos al subordinado ideal.

## i) Respuestas de contenido Ciencia (Sc) y Hogar (Hh)

Tomar en cuenta la simbología general puede ser un buen punto de partida para interpretar estos contenidos. A manera de ejemplo, se pueden comparar los siguientes: *copa de cristal, avión, lámpara, silla, computadora, radar*. Algunos contenidos son objetos fuertes, otros frágiles. Algunos complejos, otros simples. Todos pueden pensarse como figuras de identificación.

Hay puestos de trabajo en los que se requiere, por ejemplo, una mayor fortaleza yoica para tolerar presiones. Si estamos frente a un protocolo en el que abundan contenidos referidos a objetos que son endebles, deberá contemplarse la hipótesis de probables dificultades en el desempeño concreto.

## LAS RESPUESTAS POPULARES

Algunas respuestas se dan con mucha más frecuencia que el resto; aparecen en uno de cada tres protocolos. Son las llamadas "Respuestas Populares". Les corresponde el código P.

Para el Test de Zulliger tomado de manera individual, son respuestas populares:

• LÁMINA I:
   —*Insecto, araña, bicho, cascarudo, cucaracha, escarabajo, garrapata (W)*
   —*Hoja (D1)*

• LÁMINA II:
   —No tiene Respuestas Populares.

- LÁMINA III:
  –*Persona real o irreal (D3)*
  –*Persona real o irreal (D2)*
  –*Mariposa (D1)*

Si un sujeto no da Respuestas Populares, es importante realizar la Prueba de Límites. Ella nos brindará información pronóstica: que alguien en la prueba de límites tampoco pueda percibir las Respuestas Populares es un desvío mucho mayor con respecto a lo que es convencional y, por lo tanto, señala mayores dificultades en la adaptación.

Es significativa la ausencia de Respuestas Populares. "La baja frecuencia de Populares puede ser indicio de grave patología, pero también puede revelar que se trata de una persona singular y original que, sin violar la realidad, prefiera manejarla de forma mucho menos convencional. Como siempre, será el análisis de las demás variables el que ofrecerá seguridad interpretativa" (Exner y Sendín, 1995).

Si un sujeto no da P, cualquiera que sea el lugar en el cual se desempeñe, podría resultar una persona un tanto extraña para los demás. Los desajustes quedarán más expuestos en la medida en que deba cubrir funciones donde tenga que interactuar de manera directa con otros: le costará entenderlos y ser entendido por ellos.

# 6. Actividad Organizativa

La Actividad Organizativa es una característica que Exner señala como "susceptible de ocurrir" en la respuesta y, cuando se da, le atribuye un valor numérico llamado puntuación Z.

La frecuencia con que aparece la puntuación Z en la totalidad del protocolo revela "una información valiosa sobre el grado en que el sujeto tiende a organizar los campos de estímulos" (Exner, 1995).

> Un *sujeto económico* optará por seleccionar objetos individuales, o en pares, haciendo uso de la simetría. Ahora bien, no hay nada en el campo de estímulos que establezca de antemano una relación entre un(os) objeto(s) y las otras partes de la mancha. Para que aparezca dicha relación significativa, el sujeto tiene que realizar un esfuerzo adicional dirigido a tal fin, es decir, ha de organizar el material dentro del campo (Exner, 1995).

En el Test de Zulliger, por ejemplo, el D1 de la Lámina II suele verse muy a menudo como un animal. Ver allí un animal o dos, uno a cada lado de la mancha, es dar respuestas simples y que no requieren demasiados esfuerzos de organización. Si en cambio alguien dice que podrían ser dos animales que están en un bosque, que se ven árboles y explica que hay un incendio a lo lejos, esta respuesta representa un nivel superior de actividad cognitiva. A esto se llama *organizar el campo estimular de un modo más sofisticado* y debe identificarse la respuesta mediante la *puntuación* Z.

Las condiciones para asignar una puntuación Z están claramente delimitadas. Corresponde asignarla a toda respuesta que incluya forma y cumpla, por lo menos, con uno de los siguientes criterios:

"1. *ZW*. Respuesta Global que tenga un código DQ+, DQv/+, o DQo. (Las respuestas que tienen una DQv nunca reciben puntuación Z.)
2. *ZA*. Respuesta en la que dos o más objetos separados, vistos en áreas de detalle adyacente (áreas que se tocan), sean descritos en una relación significativa.
3. *ZD*. Respuesta en la que dos o más objetos separados, vistos en áreas de detalle no adyacente (*distantes,* son áreas que no se tocan), sean descritos en una relación significativa.
4. ZS. Respuesta en la que se integre el espacio blanco con otras áreas de la mancha" (Exner, 1995).

Para establecer los *valores organizativos* –puntaje Z– que corresponderían a las láminas del Zulliger, éstas fueron comparadas con aquellas del Rorschach que parecían tener características similares en cuanto a su grado de organización. Así, la lámina I del Zulliger fue comparada con la lámina I del Rorschach, la II con la VIII y la III con la III respectivamente.

En esta comparación, la discrepancia más importante –que la experiencia con ambos tests señalaba– era que dar respuestas W en la lámina II del Zulliger parecía requerir un mayor esfuerzo para establecer relaciones entre los elementos del campo estimular que darlas en la Lámina VIII del Rorschach, que es más compacta. Es por eso que se decidió asignar un puntaje Z mayor a las respuestas W dadas en la lámina II del Zulliger. Los puntajes Z que finalmente se utilizaron fueron los que figuran en la tabla siguiente:

*Tabla para la adjudicación de Puntaje Z*

| *Láminas* | *Z-W* | *Z-A* | *Z-D* | *Z-S* |
|-----------|-------|-------|-------|-------|
| I | 1.0 | 4.0 | 6.0 | 3.5 |
| II | 5.5 | 3.0 | 3.0 | 4.0 |
| III | 5.5 | 3.0 | 4.0 | 4.5 |

Cuando una respuesta cumple más de un criterio, se le asigna el puntaje Z que corresponde al valor más alto.

Al evaluar la Actividad Organizativa deben obtenerse dos registros, el Zf y el ZSum. Se denomina frecuencia de Z (Zf) al número de veces que se han dado en el protocolo respuestas con puntuación Z; mientras que el ZSum es la suma de los puntajes Z de todas las respuestas que llevan Zf.

Para poder pensar si un sujeto está muy o poco motivado o si gasta mucha o poca cantidad de energía en el procesamiento de la información, será necesario ver si se cumplen, al menos, dos de las siguientes variables:

1) Zf superior o inferior a la media
2) W superior o inferior a D+Dd
3) W aumentada o disminuida en W+M

Las variables Zf, DQ+ y, en menor medida, DQv/+, correlacionan positivamente, de manera que, habitualmente, si Zf se eleva, también lo hace DQ+ y esto señalará que el sujeto se esfuerza por procesar y organizar con cuidado la información procedente del campo estimular, llevando a cabo un trabajo cognitivo sofisticado y complejo. Esto indica que posee un buen desarrollo intelectual, pero recordemos que su eficacia práctica vendrá determinada por otros datos, de modo que una persona podría ser muy inteligente y generar conductas muy complejas y que, al mismo tiempo, fueran muy desajustadas e ineficaces para resolver sus problemas (Exner y Sendín, 1995).

# 7. Códigos Especiales

En el Sistema Comprehensivo, la presencia de algunas características inusuales de las respuestas se señalan con Códigos Especiales. Bajo este rubro, que se simboliza "CCEE", se incluyen:

A) Verbalizaciones inusuales
    1. verbalizaciones desviadas (DV)
        1.1. verbalización desviada
            1.1.1. neologismo
            1.1.2. redundancia
        1.2. respuesta desviada (DR)
            1.2.1. frases inadecuadas
            1.2.2. respuestas circunstanciales
    2. combinaciones inadecuadas
        2.1. combinación incongruente (INCOM)
        2.2. combinación fabulatoria (FABCOM)
        2.3. contaminación (CONTAM)
    3. lógica inadecuada (ALOG)

B) Perseveración y fracaso en la integración (PSV)
    1. perseveración intralámina
    2. perseveración de contenido
    3. perseveración mecánica

C) Confabulación (CONFAB)

D) Características especiales de los contenidos
    1. movimiento agresivo (AG)
    2. movimiento cooperativo (COP)
    3. contenido mórbido (MOR)

E) Otros elementos especiales de las respuestas
    1. abstracción (AB)
    2. respuestas personalizadas (PER)
    3. proyección del color

F) Las respuestas de representación humana (HR)

Al codificar e interpretar los Códigos Especiales, es importante considerar que existen distintos grados de desajuste. Un mismo código puede reflejar una perturbación transitoria (a veces relacionada con cansancio, estrés u otras condiciones circunstanciales) o señalar la presencia de formas graves de perturbación. Para diferenciarlos, Exner discrimina respuestas de nivel 1 (grado suave de perturbación) y de nivel 2 (desajuste severo).

En términos generales, se considera que más de cinco Códigos Especiales en un protocolo señalan la presencia de dificultades significativas en la ideación del sujeto.

Veamos cada uno de los códigos y sus posibles implicancias.

## A) VERBALIZACIONES INUSUALES

Las respuestas de nivel 1 no son muy distintas de los deslices cognitivos propios de personas que no prestan mucha atención a la manera de expresarse. Exner señala que suelen ser producto de inmadurez, educación pobre y/o juicios sobre los que no se ha pensado de manera acabada.

Las respuestas de nivel 2 constituyen casos más o menos graves de pensamiento disociado, ilógico o lábil. Son respuestas raras, que muestran un desvío significativo de lo que es usual.

Los desarreglos cognitivos, sean éstos momentáneos o más estables, suelen manifestarse de distintas maneras en las verbalizaciones.

### 1. Verbalizaciones desviadas

*1.1. Verbalizaciones desviadas (DV)*

Son respuestas que presentan un aspecto peculiar, ya sea porque implican el uso de una palabra incorrecta (o un neologismo) en vez de una correcta, o bien porque implican un uso raro del lenguaje, en el que el sujeto identifica dos veces la naturaleza del objeto (redundancia). Ejemplos:

1.1.1. Neologismo: *una* orejera *de un conejo* (DV nivel 1), *un escarabajo con aspecto* sexsudo. (DV nivel 2).

1.1.2. Redundancia: *una pareja de dos ositos* (DV nivel 1), *una pequeña palomita chiquitita* (DV nivel 2).

Las DV nivel 1 son lapsus del pensamiento que suelen disminuir la claridad y precisión de la comunicación del sujeto, pero que no implican una interferencia significativa.

Las DV nivel 2 implican un uso del lenguaje sin valor comunicacional. Los neologismos son una señal patológica que suele darse en la psicosis. Su presencia indica la necesidad de revisar cuidadosamente todo el material de análisis, para descartar posibles desajustes en el desempeño laboral concreto.

### 1.2. Respuesta desviada (DR)

A diferencia de las DV (que son una palabra), las DR constituyen una frase. Son respuestas extrañas, en las que el sujeto se sale de la tarea que se le pidió (explicitar percepciones) y hace otra cosa. Se manifiestan en la inclusión de frases enteras que son inapropiadas o irrelevantes (frases inadecuadas), o bien, aparecen divagaciones o comentarios inapropiados, donde se pierde el hilo de lo que se decía y no puede volverse al tema de la respuesta (respuestas circunstanciales). Ejemplos:

1.2.1. Frases inadecuadas: *un cangrejo, en esta zona no se ven* (DR nivel 1); *un animal que nunca existió, pero yo sé que está* (DR nivel 2).

1.2.2. Respuestas circunstanciales: *dos boxeadores, como los que aparecieron en el programa de televisión que vi anoche, porque a mi me gusta ver televisión antes de irme a dormir. Mi esposa prefiere leer* (DR nivel 1); *un insecto, que es posible que en Grecia estén preparando un menú parecido. Yo sé que lo hacen* (DR nivel 2).

La diferencia entre las DR y los comentarios que no se codifican es que las DR son frases que aparecen dentro de la respuesta y se refieren a ella. Por lo tanto, no se codificarán comentarios tales como "esta lámina tiene lindos colores", "ésta es gris, no me gusta", "esta lámina es más fácil que las anteriores".

Las DR son más graves que las DV. "Implican falta de control de la impulsividad ideativa que provoca divagaciones inconsistentes con la tarea. En las DR2 la alteración del control de la impulsividad ideativa es más seria y procede de una desorganización afectiva que merma la capacidad del sujeto para mantener el hilo de sus pensamientos" (Exner y Sendín, 1995).

La presencia de DR puede no ser un indicador preocupante en protocolos de personas que deban realizar tareas sencillas, rutinarias. Pero si aparecen DR2 en personas que tengan que realizar tareas de conducción y/o actividades donde sea crucial entenderse fluidamente con los demás, serán indicadores altamente significativos, pues señalan dificultades de entendimiento que perturbarán un correcto desempeño.

## 2. Combinaciones inadecuadas

Implican una condensación inadecuada de impresiones o ideas en respuestas que no respetan la realidad. En las respuestas se infieren relaciones irreales entre imágenes, objetos o actividades atribuidas a ellos.

## 2.1. Combinación incongruente (INCOM)

Implican la condensación de detalles de la mancha o de imágenes en un único objeto, siendo inadecuada la unión resultante. Se diferencian en nivel 1 y nivel 2. Por ejemplo:

–Nivel 1: *Oso rosado* (los osos existen, el color rosa también; pero no existen osos rosados).
–Nivel 2: *Un hombre con cabeza de lobo.*

## 2.2. Combinación fabulatoria (FABCOM)

Implica que se establece una relación inverosímil entre dos o más objetos identificados en la mancha. Estas respuestas siempre incluyen dos o más detalles distintos. Las FABCOM de nivel 1 suelen darse en respuestas que, si fueran identificadas por el sujeto como propias de dibujos animados, no llevarían ningún código especial, mientras que las de nivel 2 son mucho más bizarras, por la forma en que violan fuertemente la realidad. También se codifican FABCOM las transparencias inverosímiles, que siempre son de nivel 2 (Exner, 1995).

Por ejemplo:

– FABCOM 1: *Dos osos conversando.*
– FABCOM 2: *Una persona sentada de espaldas. Se le ven los pulmones.*

Las integraciones inapropiadas de los datos que el sujeto hace perturbarán necesariamente su relación con los demás. Son personas que se guían por juicios propios, que distorsionan la realidad. Estos sujetos necesitan entornos laborales muy estables y organizados, y aun así el pronóstico de desempeño será dudoso.

## 2.3. Contaminación (CONTAM)

Es la más bizarra de las combinaciones inadecuadas. Dos o más impresiones se han fundido en una sola respuesta de una manera que, claramente, viola la realidad. El proceso de fusión es lo que las convierte en inadecuadas, en contraste con lo que sucedería si se hubieran dado por separado. Mientras que en la INCOM se funden dos impresiones de distintas áreas de la mancha en un solo objeto imposible, en la CONTAM se emplea una única área (Exner, 1995).

Se dan casi exclusivamente en esquizofrénicos. Es muy infrecuente que aparezca en una evaluación de personal (donde se supone que el sujeto ya ha pasado por alguna evaluación previa que descarta patologías severas).
Por ejemplo:

–*Es una hoja con cara de lobo* (en lámina I, en D4).

Si a una respuesta es posible atribuirle varios códigos especiales, y entre ellos CONTAM, se codifica solamente CONTAM.

## 3. Lógica inadecuada (ALOG)

"Se asigna 'ALOG' siempre que el sujeto, sin ninguna inducción, emplee un razonamiento forzado para justificar la respuesta. La lógica que emplea se sale claramente de lo convencional y representa una forma de pensar relajada y simplista" (Exner, 1995). Ejemplos:

*—Un escarabajo grande, porque ocupa toda la lámina.*
*—La columna vertebral, porque está en el medio.*

Que aparezcan ALOG es grave en personas que deban cubrir tareas que impliquen toma de decisiones y capacidad de organización, porque dan ALOG sujetos que tienen perturbada su posibilidad de realizar juicios lógicos coherentes.

# B) PERSEVERACIÓN Y FRACASO EN LA INTEGRACIÓN (PSV)

## 1. Perseveración intralámina

Son respuestas consecutivas en las que aparece la misma codificación (puede variar el código especial y alguna puede no ser P). Ejemplo:

—Ver en la lámina I primero *un piojo, por la forma*; e inmediatamente, *una mosca, por la forma*. En ambos casos la codificación se repite: W o F o A.

Si aparece sólo una PSV intralámina, puede indicar cierta rigidez para procesar la información. La presencia de más de una justificaría realizar evaluaciones neurológicas.

## 2. Perseveración de contenido

En este caso, la persona identifica a un objeto diciendo que es el mismo que vio antes (habitualmente en otra lámina). La codificación de ambas respuestas suele variar. Ejemplo:

— En lámina I, *ver un escarabajo* (W), y luego, en lámina II, ver *el mismo escarabajo que antes, pero ahora está caminando* (en D marrón).

Las perseveraciones de contenido parecen tener que ver con "alteraciones emocionales que rigidifican los procesamientos porque crean intensas preocupaciones que interfieren en todos los trabajos cognitivos" (Exner y Sendín, 1995).

### 3. Perseveración mecánica

Se da cuando el sujeto menciona siempre el mismo objeto. Ejemplo:

*—Un escarabajo,* en las tres láminas.

Es propio de personas con deterioro intelectual o neurológico. Implica una limitación muy importante para la actividad laboral; de hecho, es poco probable que estos sujetos lleguen a una evaluación psicológica laboral.

## C) CONFABULACIÓN (CONFAB)

En estas respuestas el sujeto parte de un detalle (habitualmente bien visto) de la lámina y generaliza su respuesta a una zona más grande (habitualmente a toda la mancha). En la encuesta, el objeto queda definido a partir del detalle. Ejemplo:

*—La pata de un perro, es un perro* (y en la encuesta insiste en que es un perro porque ahí está la pata).

Cuando una respuesta puede codificarse ALOG y/o CONFAB, debe codificarse solamente CONFAB.

Las respuestas CONFAB aparecen en patologías muy severas. Constituyen un indicador claro de desajustes adaptativos significativos.

## D) CARACTERÍSTICAS ESPECIALES DE LOS CONTENIDOS

Algunos contenidos tienen características peculiares que es importante codificar.

### 1. Movimiento Agresivo (AG)

Se usa para cualquier respuesta de movimiento (M, FM o m) donde la acción es descrita en el presente y claramente agresiva. No se codifica AG si la agresión ocurrió en el pasado. Ejemplos:

*–Dos hombres discutiendo violentamente.*
*–Dos osos peleando.*
*–Un viento furioso.*

## 2. Movimiento Cooperativo (COP)

Se usa para cualquier respuesta de movimiento (M, FM o m) en la que aparezcan dos o más objetos en una interacción claramente cooperativa. Ejemplos:

*–Dos personas levantando una canasta.*
*–Dos hormigas sosteniendo una hoja.*
*–Dos osos bailando un tango.*

## 3. Contenido Mórbido (MOR)

Se usa para cualquier respuesta en la que:

a) un objeto es visto como muerto, herido, dañado, roto (ejemplo: *un escarabajo muerto*);
b) se atribuye al objeto una característica o un sentimiento desagradable o negativo (*persona deprimida, llorando; casa opresiva; pájaro triste*).

# E) OTROS ELEMENTOS ESPECIALES DE LAS RESPUESTAS

## 1. Abstracción (AB)

Se usa el código AB en dos tipos de respuesta. El primero lo constituyen aquellas que han recibido el código de contenido Experiencia Humana para registrar una emoción humana o una experiencia sensorial. Suelen ser respuestas M sin forma como ésta: *Todo esto parece la depresión, es negro y de aspecto lúgubre,* o *Es pura rabia, los colores todos revueltos.* Sin embargo, ocasionalmente puede codificarse Experiencia Humana y AB en una respuesta en la que haya emociones humanas o experiencias sensoriales atribuidas a objetos con forma, donde algún otro rasgo de la mancha se utiliza para denotar la vivencia (Exner, 1995).

Por ejemplo:

*–Éstas son dos personas que se odian, el rojo muestra el odio.*

El otro tipo de respuesta AB es cuando se describe "una representación simbólica clara y específica. Hay un empleo de la forma y se le atribuye al objeto un significado simbólico" (Exner, 1995). Ejemplo:

*—Un escudo, que representa el triunfo de la justicia.*

Cuando aparecen más de dos AB, probablemente se trata de una persona que utiliza la intelectualización como una defensa predominante. Por lo tanto, será conveniente considerar la posibilidad de que presente dificultades para adaptarse a situaciones de tensiones emocionales frecuentes.

## 2. Respuestas Personalizadas (PER)

"Se asigna el código PER a cualquier respuesta en la que el sujeto hace referencia a un conocimiento personal o a su experiencia, como una de las razones por la que la justifica o la aclara" (Exner, 1995). Ejemplo:

*—Yo vi algo parecido en mi casa. Como yo entiendo de botánica sé que es así. Vi en la televisión algo parecido. El mío es igual a éste.*

Para diferenciar las respuestas PER de las DR, resulta útil tomar en cuenta que en las DR el sujeto *asocia* con la percepción; en cambio, en las PER la *confirma*, dice algo para evitar que se ponga en duda la respuesta dada, agrega información para *dar fuerza* a la percepción.

Si PER es mayor que dos, es significativo

> Las PER se relacionan con actitudes defensivas autoritarias propias de etapas infantiles, que el sujeto va a tender a utilizar cuando se sienta cuestionado por los demás y van a influir en su relación interpersonal. La presencia de PER aumentado nos habla, pues, de personas más inseguras de lo habitual, que recurren a un autoritarismo infantil y defensivo, exigiendo que se les dé la razón, cuando se sienten cuestionados. Estos sujetos tienden a ser vistos por los demás como dogmáticos o rígidos y pueden tener por ello dificultades interpersonales, sobre todo si se desenvuelven en un entorno que no se somete a sus exigencias (Exner y Sendín, 1995).

La presencia de PER aumentado en personas que van a ocupar un puesto de conducción necesita ser evaluada con sumo cuidado, porque las características con las que se correlaciona pueden pasar desapercibidas o resultar francamente desadaptadas, dependiendo de cuestiones de entorno.

## 3. Proyección del Color (CP)

"Se asigna el código CP a toda respuesta en la que el sujeto identifica una mancha acromática o un área de ella como de color cromático" (Exner, 1995). Ejemplo:

*—Una mariposa de todos colores* (W, en la primera lámina).

Cuando aparece CP, el sujeto "tiende a negar la presencia de afectos displacenteros y los sustituye por falsas emociones positivas o por la atribución irreal de un valor emocional positivo a las situaciones" (Exner y Sendín, 1995). La persona podrá resultar un tanto artificial y poco creíble, pero su desempeño concreto puede no verse perjudicado de un modo significativo. Esto será así especialmente en puestos de trabajo donde no se requiera una tarea de real compromiso emocional con otros.

## F) LAS RESPUESTAS DE REPRESENTACIÓN HUMANA (HR)

Al Sistema Comprehensivo se ha incorporado un nuevo código para las Respuestas de Representación Humana. Se consideran incluidas dentro de esta categoría a:

- Todas las respuestas H, (H), Hd, (Hd), Hx
- Todas las respuestas M
- Todas las respuestas FM que tengan COP y/o AG

Para codificarlas, una vez determinadas cuáles son las respuestas HR, es necesario verificar si se trata de respuestas de representación humana "buenas" o "pobres". Las primeras se denominan GHR, las segundas PHR. El algoritmo que debe seguirse es el siguiente:

1) Codificar GHR a las respuestas que contengan H pura y que reúnan todas las siguientes condiciones: FQ+, FQo ó FQu; sin CCEE críticos, salvo DV, y sin códigos AG ni MOR.
2) Codificar PHR a las respuestas que también tengan los siguientes códigos: FQo sin FQ; FQ+, FQo ó FQu con ALOG, CONTAM o cualquier CCEE de Nivel 2.
3) Codificar GHR a todas las restantes respuestas HR que tengan el código especial COP pero que no tengan AG.
4) Codificar PHR a las restantes respuestas HR que tengan cualquiera de los siguientes códigos: FABCOM, MOR o An.
5) Codificar GHR a las restantes respuestas HR que sean Populares en la lámina III.
6) Codificar PHR a las restantes respuestas HR que tengan algunos de los siguientes códigos: AG, INCOM, DR, Hd [no el código (Hd)].
7) Codificar GHR a las restantes respuestas HR.

Para la evaluación, se compara directamente la frecuencia total de los códigos GHR y PHR.

Mediante el índice GHR:PHR se obtiene una aproximación al estudio de las relaciones interpersonales que el sujeto establece.

# 8. Sumario Estructural

El objetivo que persigue la codificación correcta de las respuestas, en última instancia, es poder elaborar el Sumario Estructural. El Sumario es el conjunto de las frecuencias de los códigos, más una serie de proporciones, porcentajes y derivaciones numéricas. Todo ello constituye el acervo de datos del que se obtiene una buena cantidad de postulados importantes sobre las características y el funcionamiento psicológicos (Exner, 1995).

Los pasos a seguir para confeccionar el Sumario Estructural son los siguientes:

1) Se vuelca en una planilla la Secuencia de Codificaciones.
2) Se anotan las Frecuencias de cada una de las Variables.
3) Se realizan diferentes Cálculos Numéricos.

## 1) SECUENCIA DE CODIFICACIONES

La codificación de todas y cada una de las respuestas deberán volcarse en el orden en que aparecieron en la planilla "Secuencia de Codificaciones" (véase Apéndice C).

### Indicaciones para llenar la planilla "Secuencia de Codificaciones"

| Lám. | Nºrta. | Nºloc. | Loc. | DQ | Det. | FQ | (2) | Cont. | P | Pje. Z | CC.EE. |
|------|--------|--------|------|----|------|----|-----|-------|---|--------|--------|
|      |        |        |      |    |      |    |     |       |   |        |        |

En los sucesivos casilleros deberán incluirse los códigos de cada respuesta, tomando en cuenta los siguientes significados:

*Lám.:* número de lámina
*Nºrta.:* número de respuesta
*Nºloc.:* número de localización
*Loc.:* tipo de localización
*DQ:* calidad evolutiva
*Det.:* determinante/s
*FQ:* calidad formal
*(2):* respuesta de par
*Cont.:* contenido/s
*P:* respuesta popular
*Pje. Z:* puntaje Z
*CC.EE.:* códigos especiales

Veamos algunos ejemplos:

En la primera lámina, *Un escarabajo que corre para atacar a otro.*
*Lám.:* I (porque es una respuesta de la primera lámina).
*Nºrta.:* 1 (porque es la primera respuesta).
*Nºloc.:* no se asigna número (porque es una respuesta global).
*Loc.:* W (porque abarca la totalidad de la mancha).
*DQ:* o (porque se identifica un área de la mancha como un solo objeto, con rasgos que exigen determinada forma).
*Det.:* FMa (porque hay un movimiento animal que es activo).
*FQ:* o (porque es una respuesta que figura en la Tabla de Respuestas Ordinarias).
*(2):* no se codifica (porque no se da una respuesta de par).
*Cont.:* A (porque se identifica un animal completo).
*P:* se codifica P (porque *escarabajo* es considerada una respuesta popular).
*Pje. Z:* 1.0 (porque es una respuesta W de la lámina I).
*CC.EE.:* AG (porque hay una acción que es descrita en el presente y es claramente agresiva).

La codificación completa será entonces:

| Lám. | Nºrta. | Nºloc. | Loc. | DQ | Det. | FQ | (2) | Cont. | P | Pje. Z | CC.EE. |
|------|--------|--------|------|----|------|----|-----|-------|---|--------|--------|
| I | 1 | | W | o | FMa | o | | A | P | 1.0 | AG |

# 2) FRECUENCIA DE VARIABLES

A partir de la planilla "Secuencia de Codificaciones", se realiza una serie de cuentas para determinar con qué frecuencia aparecieron las variables estudiadas. Los datos se vuelcan en la planilla "Frecuencia de variables" (véase en el Apéndice C).

## Indicaciones para llenar la planilla "Frecuencia de Variables"

LOCALIZACIÓN:
- Zf: se anota la cantidad total de respuestas a las que se les adjudicó puntaje Z.
- ZSum: es la suma de la totalidad de los puntajes Z.
- W, D y Dd: se anota la cantidad total de respuestas W, D, Dd y, por separado, las S.

CALIDAD EVOLUTIVA (DQ):
Se anota la cantidad total de respuestas que, por su calidad evolutiva, se consideran de síntesis (+), ordinarias (o), vagas de síntesis (v/+) y vagas (v).

CALIDAD FORMAL:
Se anotan las frecuencias de cada una de las calidades formales: superior (+), ordinaria (o), única (u), menos (-) y respuestas que no tienen un código de calidad formal (sin). Se consigna la calidad formal de las respuestas en cuatro grupos:

- FQx, calidad formal ampliada: se incluyen todas las respuestas del protocolo.
- MQ, calidad formal de las respuestas M: se incluyen las respuestas que tienen movimiento humano como determinante.
- W+D, calidad formal de las respuestas W y D: se incluyen sólo las respuestas globales y de detalle usual (se excluyen las Dd).

DETERMINANTES:
Se suma cada determinante por separado, excepto cuando aparece en una respuesta compleja. Cada respuesta compleja se anota debajo de "Determinantes complejos". Estos determinantes no se computan nuevamente cuando se hace la suma de los sencillos.

CONTENIDOS:
Se anota la frecuencia total de cada uno de los contenidos.

RESUMEN DEL ENFOQUE:
Se registran, en el orden en que fueron dadas las respuestas, las localizaciones para cada lámina.

CÓDIGOS ESPECIALES:

Se registran por separado los códigos especiales de nivel 1 y 2.

Suma Bruta 6: es la frecuencia total de los códigos especiales llamados críticos, DV, INC, DR, FABCOM (de ambos niveles), ALOG y CONTAM.

Suma Pond 6: es la suma ponderada de los mismos códigos. Sus valores son:

– Para el nivel 1, DVx1, INCx2, DRx3, FABCOMx4, ALOGx5 y CONx6.
– Para el nivel 2, DVx2, INCx4, DRx6 y FABCOMx7.

Hay un espacio para consignar la frecuencia total del resto de los códigos especiales: AB, AG, CFB, COP, CP, MOR, PER, PSV, GHR y PHR.

## 3) CÁLCULOS NUMÉRICOS: LAS AGRUPACIONES

A partir de la información obtenida, ya es posible completar las agrupaciones correspondientes al sector cálculos numéricos.

Las Agrupaciones son datos que, cuando se relacionan entre sí, dan cuenta del funcionamiento de un aspecto específico de la personalidad. Para el Sistema Comprehensivo se han descripto las siguientes Agrupaciones: Controles, Mediación, Ideación, Afectos, Procesamiento, Interpersonal y Autopercepción. Cada una de ellas incluye una serie de variables.

A continuación se describirán las variables que integran cada una de las Agrupaciones y, para facilitar la tarea de interpretación, se consignarán los valores convencionales que se obtuvieron en una muestra de sujetos evaluados en un contexto de selección de personal (véase Apéndice F).

### Controles

Incluye las siguientes variables:

1) R
2) L
3) EB
4) EA
5) eb
6) es

El análisis de Controles permite obtener una información general sobre el estilo de respuesta del sujeto. Es posible conocer si existen modalidades de respuestas que hacen previsible (o no) algunos aspectos de su conducta. Se pueden formular hipótesis acerca de los recursos con que cuenta y también sobre sus posibilidades concretas de utilizarlos de un modo adaptativo.

En todos los casos, será necesario cotejar las inferencias con los requisitos necesarios para cubrir satisfactoriamente las necesidades del puesto de trabajo: una característica considerada como indeseable para desempeñarse adecuadamente en una tarea (o en determinada empresa), puede constituir un factor requerido en otra.

## 1) R, Número de Respuestas

Se consigna la cantidad total de respuestas del protocolo.

La cantidad de respuestas que un sujeto da en un test de manchas parece estar directamente relacionada con la experiencia del evaluador: a mayor experiencia, mayor cantidad de respuestas. Con menos de 8 respuestas, la prueba debe considerarse no válida.

Suele resultar interesante ver cuántas percepciones son dadas de manera espontánea y cuántas se agregaron luego.

Significado:

Cuando damos la primera consigna, dejamos al sujeto que resuelva, según su propio criterio, una situación problemática. No se le brindan sugerencias ni ningún otro tipo de ayuda.

Sujetos activos, productivos, que pueden mantener una actitud de razonable confianza frente a la tarea y al entrevistador, suelen dar varias percepciones (a veces más de cinco respuestas por lámina). Es propio de personas que pueden ocuparse de hacer sus tareas con tan sólo recibir una indicación general acerca del trabajo a realizar.

Decir que alguien es activo significa que trabaja mucho, no necesariamente que trabaja bien. Si la calidad de su trabajo es buena o no, se advertirá después, analizando otras variables.

Hay personas que prefieren hacer "poco pero bien" (a veces por prudencia, en otros casos por inseguridad), pero que pueden producir más si encuentran un entorno propicio. Ellas serán capaces de aumentar el número de respuestas, manteniendo la buena calidad formal. Como trabajadores, necesitarán pautas claramente especificadas: cuando las obtengan, es probable que su producción resulte confiable.

Otras son personas pasivas, que trabajan "a media máquina", con desgano o desconfianza. En estos casos es probable que, si logran aumentar la cantidad de las respuestas, sea en desmedro de su calidad. Serán trabajadores que necesitarán una supervisión cercana para asegurar una producción aceptable. Se adaptarán mejor a trabajos pautados, donde esté estipulado de antemano todos los pasos necesarios a cumplir en la tarea.

Lo que el sujeto es capaz de producir en el examen de límites nos indicará hasta qué punto podrá hacer lo esperable en su trabajo cuando tenga alguien al lado que lo guíe "paso a paso" sobre lo que debe hacer.

## 2) L, Lambda

Es un cociente.

Numerador: número de respuestas que tienen como determinante sólo F pura.

Denominador: número R total, menos las respuestas de F pura.

VALORES CONVENCIONALES:
0,76 (e/0 y 1,51)

SIGNIFICADO:

Brinda información general sobre el estilo de respuesta en situaciones de implicación afectiva.

*L aumentado*: Cuando aparece un L aumentado, es necesario relativizarlo porque en evaluaciones laborales es muy probable que el sujeto eluda comprometerse más allá de lo estrictamente necesario para realizar la prueba. En términos generales, cuando un L aumentado va acompañado de pocas respuestas de determinantes múltiples indica que la persona simplifica demasiado sus percepciones, evitando tomar en cuenta los afectos. Es propio de quienes "no se enteran de lo que no quieren enterarse". Cuando aparece en personas que deban cubrir puestos de trabajo en los cuales se necesite un compromiso afectivo y/o cierta permeabilidad en relación con las emociones, podría ser de mal pronóstico laboral.

*L disminuido*: Se da en personas que están excesivamente pendientes de la información que reciben. Como consecuencia, se ven sobrepasadas por datos que no terminan de procesar. Al tener que tomar decisiones es habitual que se enreden con sus ideas y no sepan por dónde empezar a pensarlas. La eficiencia suele verse afectada.

## 3) EB, el Tipo Vivencial

Es una relación entre la frecuencia de respuestas de movimiento humano y las respuestas de color cromático.

Para esta fórmula, a las respuestas de color cromático se les asigna el siguiente puntaje:

Respuestas de FC: 0,5

Respuestas de CF: 1

Respuestas de C: 1,5

Las respuestas de color nominal (Cn) no se incluyen en estos cálculos.

El EB se registra así:

Suma de M : suma ponderada del Color

Se espera que aparezcan valores a ambos lados de la relación. No existen valores que en sí mismos sean mejores o peores, indican un estilo personal.

Significado:
Si aparece incrementado M, el sujeto tiene una disposición introversiva. Si aparece incrementada la sumatoria C, la disposición es extratensiva.

*Suma de M aumentada (tipo Vivencial Introversivo)*: son sujetos que prefieren usar el pensamiento para resolver los problemas. Mantienen sus afectos al margen de lo que están tratando y centran su atención en ideas más que en personas. Suelen sentirse más cómodos en tareas en las que no se necesite interactuar con otros y habitualmente parecen serios y retraídos.

En este grupo se incluyen trabajadores que pueden sostener un buen nivel de concentración durante períodos largos, que piensan antes de actuar, que prefieren comunicarse por *e-mail* antes que hablar por teléfono, que eligen aprender una tarea leyendo o escuchando antes que interactuando personalmente con otros.

*Suma ponderada del color aumentada (tipo Vivencial Extratensivo)*: son sujetos que utilizan el ensayo y error para resolver los problemas. Son más emocionales, incluyen mucho sus afectos al realizar evaluaciones. En general prefieren realizar tareas que impliquen interacción con otros. Se los considera vivaces y emprendedores.

En este grupo se incluyen trabajadores a quienes les gusta el cambio y la acción, que prefieren resolver las cuestiones de manera rápida, que se sienten más cómodos con la comunicación cara a cara, que eligen aprender una tarea experimentando y comentándola con otros.

*Suma de M igual a la suma ponderada del color (EB ambigual)*: son sujetos más vulnerables porque, al no tener un estilo definido, necesitan más tiempo para encontrar cómo resolver las situaciones que se les presentan. Suelen tener desempeños poco previsibles.

En términos de eficacia práctica los estudios llevados a cabo hasta el momento indican que no existen diferencias entre introversivos y extratensivos. Ambos presentan estilos de trabajo completamente diferentes. No obstante, su eficiencia es muy similar, los introversivos realizan menos operaciones y cometen menos errores, pero consiguen menos aciertos, mientras los extratensivos funcionan por el sistema de ensayo y error, cometiendo más errores, realizando muchas más operaciones, pero consiguiendo más aciertos. Éstos podrían ser datos relevantes a tener en cuenta a la hora de seleccionar a un sujeto para trabajos muy específicos, en los que la evitación de errores o el logro de aciertos fueran esenciales (Exner y Sendín, 1995).

*4) EA, la Experiencia Accesible*
Se relaciona con los recursos disponibles. Se obtiene sumando los dos lados del EB:

Suma de M + Suma Ponderada de Color

4 (e/2 y 7) y similar o algo menor que la "es" (Estimulación Sufrida).

Significado:

"La EA constituye un índice de los recursos disponibles con los que cuenta el sujeto para iniciar conductas deliberadas, es decir, aquellos de los que puede 'echar mano' para tomar decisiones y ponerlas en práctica" (Exner y Sendín, 1995).

Si el puntaje EA está muy disminuido y resulta duplicado por la "es", la persona mostrará dificultades para hacer frente a situaciones de tensión. Trabajará mejor efectuando tareas rutinarias, donde las actividades y las relaciones con los demás estén muy estructuradas. Puede mostrar desajustes significativos si debe enfrentar más presiones que aquellas que está habituada a tolerar.

### 5) eb, la Experiencia Base

Es una relación entre la frecuencia de los determinantes de movimiento no humano y la frecuencia de los determinantes de sombreado y color acromático.

Se obtiene así:

$$FM + m : C' + T + Y + V$$

En esta fórmula, C', T, Y y V incluyen la suma total de esos determinantes.

C' será la sumatoria de C'+ C'F + FC'
T será la sumatoria de T + TF + FT
Y será la sumatoria de Y + YF + FY
V será la sumatoria de V + VF + FV

Valores convencionales:

Que el lado derecho de la eb (C'+T+Y+V) sea igual o menor que el izquierdo (FM + m).

Significado:

Se refiere a los estímulos, ideas y/o afectos que se disparan en el interior de una persona sin que ella pueda voluntariamente controlarlos. Si no se dan los valores esperables, esos estímulos pueden interferir en los procesos de atención y en el pensamiento deliberado. La consecuencia es una disminución de la eficiencia laboral.

Los elementos interpretativos pueden encontrarse en lo que indaga cada uno de los determinantes en forma aislada (véase el capítulo 3, "Determinantes") y en relación con los demás.

*Lado izquierdo de la "eb" (FM + m)*: representa las ideas que aparecen sin que el sujeto se lo proponga. Implica una sobrecarga interna. El malestar puede ser crónico (cuando lo que está aumentado es FM) o agudo, propio de una situación estresante actual (cuando lo que está aumentado es la m).

*Lado derecho de la "eb" (C'+T+V+Y)*: representa el aumento del sufrimiento y del dolor psíquico causado por tensiones internas. Estos afectos provocan una sobrecarga que predispone a conductas impulsivas. La Y es una variable muy inestable, propia del estrés situacional. Las demás son más estables; se relacionan con malestares de tipo crónico.

Comparándolo con el Test de Rorschach, en el Test de Zulliger los valores de C' están aumentados (probablemente por diferencias entre los estímulos) y si bien la sumatoria de los sombreados es similar, existen diferencias en cuanto a su distribución: en el Test de Zulliger, en Buenos Aires, los sombreados más frecuentes son V e Y, y aparecen pocas respuestas de Textura (probablemente la diferencia tiene que ver con razones de tipo cultural).

## 6) es, la Estimulación Sufrida

Informa sobre las demandas estimulares actuales. Se obtiene sumando los dos lados de la "eb".

$$FM + m + C' + T + Y + V$$

Aquí también se incluye la suma total de los determinantes.

VALORES CONVENCIONALES:
4 (e/2 y 7) similar a la EA (Experiencia Accesible) o ligeramente superior.

SIGNIFICADO:
Es un indicador de la presencia de situaciones internas que provocan irritación, malestar o incomodidad.

> Si el sujeto cuenta con abundantes recursos, el aumento de "es" no es suficiente para hablar de estados de sobrecarga; sólo cuando sobrepasa ampliamente a la Experiencia Accesible (EA) podemos decir que la persona está expuesta a actuar impulsivamente, porque está siendo bombardeada por disparadores internos de tensión, frente a los cuales no puede organizar ni dirigir conductas encaminadas a recuperar su equilibrio (Exner y Sendín, 1995).

En estos casos, la persona estará en malas condiciones para afrontar trabajos que sean en sí mismos tensionantes: al malestar interno se le agregaría el externo, quedando así con pocas posibilidades de responder adaptativamente.

## Mediación

Incluye las siguientes variables:

1) XA%
2) WDA%
3) X-%
4) S-%
5) P
6) X+%
7) Xu%

El análisis de Mediación permite formular hipótesis sobre si el sujeto ve y entiende la información que recibe como la mayoría de la gente o se aleja de lo que es convencional.

Una persona excesivamente convencional, difícilmente podrá desplegar conductas creativas o actitudes de liderazgo: un cierto apartamiento (y en algunos casos un significativo apartamiento) de los modos de comportamiento habituales es el prerrequisito para poder imaginar y llevar adelante cambios importantes. Pero también un psicótico se aleja de lo que es convencional y sus trastornos habitualmente le restan posibilidades como trabajador.

Cuando se detecta la presencia de una manera demasiado personal de ver e interpretar la realidad, evaluando esta agrupación, es posible pensar si ella constituye un factor de desadaptación laboral o no. Para determinarlo, debe tomarse en cuenta: a) la dirección que tiene el alejamiento de lo convencional; b) las características del puesto de trabajo.

*1) XA%, la Calidad Formal Adecuada Ampliada*
Se calcula sumando las respuestas de calidad formal ordinaria y únicas, y dividiendo ese resultado por el número total de respuestas

Valores convencionales:
Se esperan valores mayores a 0.80.

Significado:
Se relaciona con la proporción de adecuación perceptiva. Un protocolo con valores de XA% iguales o superiores a 0.80 indican que el sujeto tiene "los pies sobre la tierra", que percibe los estímulos como la mayoría de las personas, haciendo un adecuado uso del criterio de realidad.

*2) WDA%, la Calidad Formal Adecuada Ampliada de las respuestas W y D*
Es el porcentaje de respuestas de calidad formal adecuada en las respuestas

globales y de detalle usual. En esta variable no se incluyen las respuestas Dd. Se calcula sumando las respuestas de calidad formal ordinaria y únicas de las respuestas W y D, y dividiendo ese resultado por el número total de respuestas W y D.

VALORES CONVENCIONALES:
Se esperan valores mayores a 0.80.

SIGNIFICADO:
Se relaciona también con la proporción de adecuación perceptiva. Si el WDA% es igual o mayor a 0.80, pero el XA% es menor que 0.80, indica que la mediación es generalmente apropiada en situaciones obvias, pero tiende a no serlo en otras circunstancias.

## 3) X-%, la Forma Distorsionada
Se relaciona con la proporción de distorsión perceptiva.
Es un cociente, en el numerador se ubica la suma de FQx- y en el denominador, R.

VALORES CONVENCIONALES:
Menor que 0.25.

SIGNIFICADO:
Un puntaje mayor a 25% señala un grado preocupante de apartamiento a lo que es convencional. Es probable que el sujeto muestre signos de desadaptación significativos en su ambiente laboral: será una persona "rara", difícil de entender y con obvias dificultades de comunicación con los demás.

## 4) S-%, la Distorsión del Espacio Blanco
Se relaciona con la proporción de respuestas de forma distorsionada que incluyen el uso del espacio blanco.
Es un cociente, el numerador es la suma de las respuestas SQx- y el denominador, la suma de todas las respuestas de calidad formal menos.
Exner incluyó este porcentaje en el estudio de indicadores para detectar esquizofrenia. "Refiriéndonos en particular a las respuestas de espacio blanco, y dado que las respuestas S tienen que ver con aspectos emocionales, cuando el S-% sobrepasa el 40%, se tratará de una persona con fuertes interferencias emocionales en sus posibles distorsiones perceptivas (el negativismo o la rabia están contribuyendo a su fuerte apartamiento de lo convencional)" (Exner y Sendín, 1995). Es muy probable la presencia de problemas en los contactos personales, que afectarán el desempeño laboral.

## 5) P, las Respuestas Populares
Se consigna la cantidad total de respuestas populares.

Dos respuestas populares en la totalidad del protocolo.

Significado:
Las respuestas populares dan información sobre en qué medida el sujeto se adapta a las normas de la mayoría.

*Cantidad de Respuestas Populares aumentada*: es probable que estemos frente a una persona que se somete excesivamente a las normas sociales. Es un buen indicador para tareas rutinarias y para aquellas en las que sea importante funcionar de manera muy apegada a lo que es convencional.

*Cantidad de Respuestas Populares disminuida*: el sujeto no ve las cosas como la mayoría. Es probable que tenga dificultades de adaptación serias si su tarea implica atenerse a lo que ya está pautado. Pero podría funcionar bien en otras donde se privilegie la capacidad creativa.

### 6) X+%, la Forma Convencional

Tiene que ver con la frecuencia en que la forma es usada de una manera convencional. Se calcula dividiendo la suma de todas las respuestas de calidad formal superior y ordinaria por el número total de respuestas.

Valores convencionales:
La suma de esta variable (X+%) y la siguiente (Xu%), superior a 0.80.

Significado:
Señala el grado de ajuste a lo que es convencional.

### 7) Xu%, la Forma Única

Se relaciona con la proporción de respuestas en que la forma es adecuada pero no tan convencional. Es un cociente donde el numerador incluye la suma de todas las respuestas de calidad formal "u", y el denominador es R.

Valores convencionales:
Como ya se dijo, se espera que la suma entre esta variable y la anterior resulte superior a 0.80.

Significado:
Señala rasgos de individualidad.

## Ideación

Incluye las siguientes variables:

1) a : p
2) Ma : Mp
3) 2AB + (Art + Ay)
4) MOR
5) M-
6) Suma Bruta 6
7) Nivel 2
8) Suma Pond 6
9) MQsin

El análisis de Ideación permite formular hipótesis sobre la manera particular en que el sujeto usa el pensamiento en su desempeño concreto.

Se puede detectar si hay predominancia de estilo (pasivo o activo) en sus relaciones con los demás.

También permite apreciar si su inteligencia está puesta al servicio de enfrentar los problemas o de evitarlos. Por ejemplo, si el puesto de trabajo requiere una persona capaz de "tomar el toro por las astas" y resolver sobre la marcha las dificultades, esta agrupación puede brindar información significativa de adaptación (o no) al cargo.

En algunos casos se obtienen indicadores sobre el uso exagerado de la intelectualización, característica que predispone a conductas impulsivas y que, obviamente, disminuye el rendimiento laboral. Además, algunos trastornos en el pensamiento (que son propios de patologías severas, y que son preocupantes prácticamente para toda actividad laboral) surgen del análisis de esta agrupación.

### 1) a : p, la Proporción activo-pasivo

Es una relación entre la suma total de los movimientos activos y la suma total de los movimientos pasivos.

$$(Ma + FMa + ma) : (Mp + FMp + mp)$$

VALORES CONVENCIONALES:
Señalan un estilo de respuesta.

SIGNIFICADO:
Cuando los movimientos pasivos superan a los activos (p mayor que a+1), probablemente se trate de una persona que tiende a asumir un rol pasivo en las relaciones con los demás.

Los rasgos de dependencia se evalúan también por:

—la presencia de respuestas T,
—el aumento de P,
—un Índice de Egocentrismo disminuido, y
—la presencia de respuestas Fd.

La comparación entre las características del puesto de trabajo y el estilo de comportamiento predominante del sujeto permitirá discriminar hasta qué punto ambos son compatibles: una persona activa, independiente, toleraría mal realizar tareas muy pautadas y rutinarias; por el contrario, alguien sumiso, pasivo, podría sentirse muy cómodo realizándolas.

*2) Ma : Mp, la Proporción de Movimientos Humanos activos y pasivos*
Es una relación entre la suma total de los movimientos humanos activos y la suma total de los movimientos humanos pasivos.

$$\text{Suma de Ma : suma de Mp}$$

VALORES CONVENCIONALES:
Señalan también un estilo de respuesta.

SIGNIFICADO:
Si Mp es mayor que Ma + 1, probablemente estemos frente a alguien capaz de crear fantasías, pero que puede tener dificultades para hacer deliberaciones que sean eficaces. Es el tipo de persona que suele esperar que otros le indiquen lo que tiene que hacer, que usa su inteligencia no para enfrentar problemas sino para evitarlos. Las cosas suceden, o no, por decisión de los demás y no por propia decisión (síndrome "Blancanieves", según Exner). Es desaconsejable que aparezca Mp mayor que Ma + 1 en personas que deban cubrir puestos de conducción.

*3) 2AB + (Art + Ay), el Índice de Intelectualización*
Se obtiene multiplicando por 2 el número de respuestas AB (código especial Abstracción) y sumándole la frecuencia de los contenidos Arte y Antropología.

VALORES CONVENCIONALES:
Menor que 5.

SIGNIFICADO:
Cuando es mayor que 5 indica que el sujeto utiliza la intelectualización de manera abusiva.
En el desempeño laboral concreto, la persona tendrá dificultades para mantener la estabilidad emocional en situaciones en las que se incrementen las tensiones (internas y/o externas).

## 4) MOR, los Contenidos Mórbidos
Es la frecuencia total de los contenidos mórbidos.

VALORES CONVENCIONALES:
1 (e/0 y 2).

SIGNIFICADO:
Si está aumentado, la presencia de contenido MOR indica que el pensamiento del sujeto está teñido por el pesimismo. Es probable que se trate de un trabajador que tenga expectativas negativas en relación con sus propios emprendimientos.

## 5) M-, las respuestas de Movimiento Humano con calidad formal distorsionada
Son muy poco frecuentes en evaluaciones laborales y siempre constituyen un indicador preocupante: habrá que analizarlas con cuidado en relación con el resto del material (suelen darlas sujetos esquizofrénicos).

## 6) Suma Bruta 6
Se suma el total de los códigos especiales críticos DV, INCOM, DR y FABCOM incluidos en ambos niveles (1 y 2) más la cantidad de ALOG y CONTAM.

VALORES CONVENCIONALES:
Menor que 5.

SIGNIFICADO:
Es necesario realizar un análisis cualitativo de cada una de las respuestas para determinar la severidad de la falla.

Obviamente no tiene el mismo peso un DV1 que un CONTAM, ni tampoco significa lo mismo que haya aparecido en un protocolo para un puesto de trabajo complejo que para uno sencillo.

Los códigos especiales pueden ubicarse en una línea continua que indica distintos grados de gravedad en relación con trastornos en el pensamiento. Exner y Sendín señalan que, esquemáticamente, pueden diferenciarse tres segmentos:

1) moderado: DV1, INC1 y DR1.
2) importante: DV2, FAB1, INC2 y ALOG.
3) severo: DR2, FAB2 y CONT.

## 7) Nivel 2
Es la suma de los códigos especiales de nivel 2.

VALORES CONVENCIONALES:
Menor que 2. Si se da un puntaje mayor, es muy probable que estemos frente a

algún tipo de patología importante. Habrá que determinar si ella será un impedimento para cubrir las necesidades del cargo.

*8) Suma Pond 6*

Es la suma ponderada (según figura en la planilla correspondiente al "Sumario Estructural", véase Apéndice) de los códigos especiales críticos.

Uno de los indicadores de esquizofrenia que se utilizan en el Test de Rorschach es obtener en este ítem un valor mayor que 17.

Cuando se administra el Test de Zulliger en evaluaciones laborales, puntajes mayores que 10 constituyen un indicador que es imprescindible considerar con cuidado a la luz del resto de la información disponible.

*9) MQsin, los Movimientos Humanos sin forma*

Si aparece más de una respuesta de Movimiento Humano sin forma, podría tratarse de una persona que puede desorientarse y perder contacto con la realidad. Los esquizofrénicos suelen darlas. Casi no se dan en evaluaciones laborales.

## Afectos

Incluye las siguientes variables:

1) FC : CF + C
2) C pura
3) SumC': Sum Pond C
4) Afr
5) Complej : R
6) CP
7) S

El análisis de Afectos permite formular una serie de hipótesis acerca de la vida emocional del sujeto. Se puede detectar cómo regula los intercambios afectivos. Por lo tanto, conociendo el ambiente laboral en el cual deberá desempeñarse, se podrá tener algunos indicadores acerca de la modalidad de contacto emocional que prevalecerá en sus relaciones.

Es posible obtener información de lo que el sujeto puede hacer cuando trabaja comprometiéndose plenamente con una tarea.

Permite pensar si tiene posibilidades de manejarse de una manera autónoma y si puede incurrir en conductas oposicionistas; datos importantes para evaluar tanto el potencial de liderazgo como la aceptación de la autoridad.

También, en algunos protocolos, aparecen indicadores que señalan cierta tendencia a "tragarse" afectos que, además de predisponer a afecciones somáticas, a veces perturban el establecimiento de comunicaciones fluidas, dando lugar a malentendidos.

### 1) FC : CF + C, la Proporción Forma-Color

Es una relación entre los determinantes de color. Se toma en cuenta la frecuencia total de cada uno de los determinantes.

VALORES CONVENCIONALES:
FC igual o ligeramente inferior a CF + C.

$$FC = 1 \quad (e/0 \text{ y } 1)$$
$$CF = 1 \quad (e/0 \text{ y } 2)$$
$$C = 0 \quad (e/0 \text{ y } 1)$$

SIGNIFICADO:
Indica un estilo general de personalidad. Tiene que ver con la manera como el sujeto regula sus descargas e intercambios emocionales.

Si el lado derecho (CF + C) tiene un valor muy superior al del izquierdo (FC), probablemente la persona controla poco las descargas emocionales: sus pensamientos, decisiones y conductas estarán teñidas en exceso por sus afectos. Pero esta característica no necesariamente indica un desajuste: puede ser un elemento favorable. Pensemos, por ejemplo, en un puesto de trabajo donde se requiera una persona enérgica, frontal, capaz de mostrarse como es, sin tamizar demasiado sus afectos: seguramente ese estilo de funcionamiento le resultaría adaptativo. Por el contrario, no sería recomendable en alguien que deba desempeñarse en tareas que requieran actitudes reservadas, reflexivas, y prudencia en el comportamiento.

### 2) C pura, las respuestas de Color puro

Dan respuestas de Color puro las personas que disfrutan cuando están involucradas en situaciones que son vertiginosas. No necesariamente se trata de sujetos impulsivos, pero son más proclives que el resto a desplegar conductas poco reflexivas.

### 3) SumC' : Sum Pond C, la Proporción de la Constricción

Es una relación entre la suma de todas las respuestas C' (C' + C'F + FC') y la suma ponderada de las respuestas de color.

VALORES CONVENCIONALES:
Lado izquierdo inferior al derecho.

SIGNIFICADO:

Esta fórmula, introducida por Exner en 1995, relaciona el grado de constricción afectiva (C') con el nivel de procesamiento de emociones deliberadas que el sujeto habitualmente utiliza (Sum Pond C). Se espera que el lado izquierdo sea muy inferior al derecho. Cuando ocurre lo contrario, la persona internaliza en exceso descargar e intercambiar afectos que deberían ser externalizados, con lo cual aumenta su tensión interna y se ve favorecida la derivación al cuerpo de los conflictos psíquicos. Es frecuente observar esta fórmula alterada en sujetos que presentan trastornos somatoformes (Exner y Sendín, 1995).

### 4) Afr, la Proporción Afectiva

Es una proporción que compara el número de respuestas de la lámina II con el número de respuestas de las láminas I y III. Se divide el número de respuestas de la lámina II por el número de respuestas de las otras dos láminas.

VALORES CONVENCIONALES:
0.65 ( e/0.20 y 1).

SIGNIFICADO:
Se relaciona con el interés por la estimulación emocional. Esto quiere decir, evalúa en qué medida el sujeto procesa de manera más activa cuando se enfrenta a situaciones afectivamente cargadas.
Lo esperable es que sujetos extratensivos tengan valores más altos de Afr.
*Afr aumentado (>1)*: Personas que parecen sentirse atraídas por la estimulación emocional. Buscan las situaciones afectivamente cargadas y son más productivas en ellas.
*Afr disminuido (<0.20)*: Personas que prefieren no verse implicadas en situaciones emocionalmente cargadas. Pueden rehuir a la estimulación emocional. Se encuentran incómodas ante las emociones y, en consecuencia, tienden a retraerse o incluso a aislarse socialmente (revisar si aparece incrementada FD).

### 5) Complej: R, la Proporción de Complejidad

Es una comparación entre el número total de respuestas complejas y el número de respuestas de la totalidad del protocolo.

VALORES CONVENCIONALES:
Se espera que entre el 20 y el 25 % de las respuestas sean complejas. El porcentaje suele ser más alto cuando el EB es extratensivo, y más bajo en introversivos.

SIGNIFICADO:
Indica lo que el sujeto puede hacer cuando trabaja incluyendo todos los estímulos presentes en la situación.

*Respuestas complejas disminuidas (y lambda alto)*: puede haber limitaciones de tipo intelectual o una tendencia a simplificar excesivamente la información.

*Respuestas complejas aumentadas y el sujeto dispone de muchos recursos*: es un buen indicador. Es propio de personas que pueden considerar los estímulos de manera integral y que tienen una buena capacidad para elaborarlos.

*Respuestas complejas aumentadas y el sujeto dispone de pocos recursos*: es un mal indicador. Es propio de personas que pueden tener dificultades de control y que pueden desorganizarse.

Exner y Sendín advierten acerca de la importancia del análisis de la composición de las respuestas complejas: "como conocemos los posibles significados de cada variable, se trata de ir interpretando las combinaciones que preferentemente realiza la persona a lo largo del protocolo, para poder captar la mayor cantidad de matices de sus operaciones psicológicas" (Exner y Sendín, 1995).

Estos autores refieren que es una combinatoria propia de sujetos depresivos cuando en una misma respuesta aparecen determinantes de color cromático junto con determinantes de color acromático y/o sombreado. El color cromático indica una experiencia emocional placentera, los otros (C', Y, T y V), displacer; sería un indicador de confusión, de ambivalencia afectiva que va a provocar sufrimiento.

## 6) CP, el Color Proyectado

Como este tipo de respuesta indica un estilo de contacto emocional superficial, será significativa su presencia sólo cuando se dé en protocolos de personas que deban tener posibilidades de acercamientos humanos auténticos para cumplir adaptativamente sus funciones.

## 7) S, las respuestas de Espacio Blanco

Las respuestas S han sido asociadas tanto a conductas oposicionistas como a la posibilidad de manejarse de una manera autónoma y creativa.

VALORES CONVENCIONALES:
Menor que el 20 % de R.

SIGNIFICADO:
Más importante que considerar la cantidad total de S que aparecen en el protocolo es pensarlas en relación con el resto de la información.

Si aparecen junto con varias AG, podría tratarse de un sujeto oposicionista. Si además, en la proporción FC : CF + C está excesivamente aumentada C, existen mayores posibilidades de que se concreten conductas agresivas negativistas (del tipo "No, porque no, porque lo digo yo").

Es deseable que aparezcan algunas S (con FQ+,o,u) en protocolos de sujetos que deban cubrir puestos donde se requieran personas individualistas, hábiles para defender sus propios puntos de vista ante los demás.

## Procesamiento

Incluye las siguientes variables:

1) Zf
2) W : D : Dd
3) W : M
4) ZSum
5) PSV
6) DQ+
7) DQv

El análisis de Procesamiento permite formular hipótesis sobre: la motivación del sujeto para aproximarse a comprender la información disponible, su capacidad potencial para realizar análisis y síntesis de información, y su nivel de desarrollo intelectual.

Es posible discriminar si, al enfrentar una tarea, la persona intentará abarcarlo todo o bien se conformará con un acercamiento desde lo que es más práctico y sencillo, o tal vez será de las que prestan atención a cuestiones más sutiles, que para los demás pasan desapercibidas.

Evalúa también el grado de ambición intelectual que caracteriza al sujeto, comparándolo con los recursos de que dispone para enfrentar la tarea. Esta información resulta básica para conocer si, en las actividades cotidianas, se fijará metas acordes (o sea, que no estén por debajo ni por encima) a sus posibilidades y a los requerimientos del puesto de trabajo.

*1) Zf, la frecuencia de puntaje Z*
Es el número de veces que se han dado en el protocolo respuestas con puntuación Z.

VALORES CONVENCIONALES:
e/ 5 y 9.

SIGNIFICADO:
Informa el monto de motivación puesto al realizar el protocolo.

*Zf y/o ZSum disminuidos*: "se trata de sujetos que poseen poca capacidad cognitiva, o bien , muy exiguo nivel de motivación e iniciativa. Son personas que realizan muy pocos esfuerzos en el procesamiento de los datos y habrá que discriminar, por el resto de las variables, si esto ocurre por limitaciones intelectuales o por interferencias emocionales" (Exner y Sendín, 1995).

*Zf y/o ZSum elevados*: "sujetos con alto nivel de motivación, que dedican al trabajo de procesamiento de la información mayor esfuerzo del que cabría esperar.

También en este caso, el resto de las variables nos indicará si se trata de un ajuste óptimo o esa elevación se debe a características perfeccionistas, a niveles de autoexigencia excesivos o a situaciones de crisis, en las que el sujeto aumenta exageradamente su actividad organizativa porque registra el temor a desorganizarse" (Exner y Sendín, 1995).

## 2) W : D : Dd, el Índice de Economía

VALORES CONVENCIONALES:
W = 30% de R; D = 50% de R, y Dd = 20% de R

SIGNIFICADO:
Tomando en cuenta cuál es el predominio de localización en el protocolo considerado, es posible obtener información sobre el esfuerzo que el sujeto pone al realizar la tarea:

*Las respuestas W* requieren mayor esfuerzo. Se dan cuando la persona intenta abarcarlo todo.

*W% aumentado*: persona a quien le interesa muy especialmente realizar tareas de análisis. Naturalmente tiene una actitud más abarcativa que la mayoría, tiende a tomar la información en su conjunto y puede perder el sentido de lo que es práctico y concreto.

*W% disminuido*: propio del que tiene dificultades para poder realizar evaluaciones totalizadoras de la información disponible. Es el tipo de persona que "puede ver los árboles, pero le cuesta ver el bosque".

*Las respuestas D* son más simples, se recortan fácilmente y no requieren mayor elaboración. Se dan cuando se responde de una manera práctica a la tarea. Es indicador de uso del sentido común.

*D% aumentado*: probablemente se trate de una persona con tendencia a funcionar excesivamente pegada a lo práctico, que tiene dificultades para lograr un mayor vuelo teórico o realizar esfuerzos creativos. En lo laboral, probablemente será un trabajador que preferirá seguir las modalidades de conducta que ya están probadas (por él mismo y/o por otros), y tenderá a repetir lo hecho sin mayores cuestionamientos.

*D% disminuido*: podría tratarse de una persona que pierda el sentido de lo práctico, ya sea por alejarse en especulaciones teóricas (cuando W está aumentado) o porque se enrede en cuestiones que pueden ser poco trascendentes (cuando Dd está aumentado). Obviamente esta modalidad incidirá en la manera como el sujeto abordará sus actividades.

Como en todos los casos, es necesario tomar en cuenta los requerimientos del puesto de trabajo y el entorno específico en el cual deberá desenvolverse el postulante. Por ejemplo, si se requiere una persona creativa, con capacidad para generar ideas, en un contexto donde otros pueden evaluarlas y recuperarlas para utilizarlas en proyectos concretos, un protocolo con W aumentadas y D disminuidas podría ser bueno. Pero ese mismo protocolo no sería el indicado si se buscara una persona "con los pies en la tierra", capaz de resolver y "sacar adelante" la tarea de manera rápida.

*Las respuestas Dd* se dan cuando el sujeto presta atención a cuestiones que para la mayoría pasan desapercibidas. En algunos casos, su aumento puede estar relacionado con la inseguridad para enfrentar situaciones complejas.

*Dd% aumentado*: suele darse en personas muy preocupadas por la exactitud, que temen cometer errores y por ello se fijan en cuestiones que para otros son insignificantes; o bien en personas inseguras, que tienden a "irse por las ramas" y dejar de lado cuestiones esenciales. En ambos casos suele darse un deterioro de la eficacia práctica y/o una dificultad para evaluar la información como un todo.

*Dd% disminuido*: es significativo en personas que deban realizar tareas donde es importante la consideración de aspectos de la información que para la mayoría no son demasiado trascendentes.

### 3) W : M, la Proporción de las Aspiraciones

Se compara la frecuencia de respuestas globales con las de movimiento humano.

$$\text{suma de W : suma de M}$$

VALORES CONVENCIONALES:

Que W sea el doble de M.

SIGNIFICADO:

Muestra el grado de ajuste que una persona tiene entre sus aspiraciones y los recursos con los que cuenta.

*W aumentado*: el sujeto se propone metas que están más allá de sus posibilidades reales de concretarlas. Corre el riesgo de desplegar una actitud en exceso abarcativa y equivocarse. Suelen aparecer muchas W y pocas M en personas que "quieren estar en todo", que intentan venderse como hábiles para realizar proyectos y ocuparse de cuestiones importantes, que se sienten capaces de resolver lo que se les presente, pero que difícilmente llevarán a buen puerto sus actividades.

*W disminuido*: el sujeto se propone metas que están por debajo de sus recursos. Estaremos frente a una persona que impresionará como desperdiciada en cuanto al uso de su potencial creativo.

*4) ZSum, la suma de la totalidad de los puntajes Z*

Es la suma de todos los puntajes Z obtenidos.

Valores convencionales:
e/15 y 32.

Significado:
Se interpreta junto con el Zf y da cuenta del grado de interés puesto por el sujeto al realizar la tarea.

*5) PSV, las respuestas de Perseveración*

Valores convencionales:
0.

Significado:
Su presencia señala falta de agilidad cognitiva. Si aparece más de una, es conveniente completar la evaluación diagnóstica con pruebas que descarten un posible daño neurológico.

*6) DQ+, las respuestas de Calidad Evolutiva de Síntesis*

Significado:
Indican un buen potencial intelectual. Suelen aparecer varias respuestas DQ+ en protocolos de personas inteligentes, "despiertas" y creativas, capaces de realizar buenos procesos de análisis y síntesis de la información disponible.

*DQ+ y W aumentadas*: alguien que da muchas respuestas globales y de calidad evolutiva de síntesis, será una persona potencialmente valiosa para ocupar puestos de conducción, para realizar tareas complejas de análisis y de evaluación. Estará en condiciones de ver más allá de los hechos particulares, podrá planificar dando muestras de creatividad y con visión de futuro. Se podrá confiar en su buena capacidad intelectual y en sus posibilidades de desarrollo. Gerentes, en todos sus niveles, directores de distintas instituciones, para funcionar bien en sus puestos de trabajo, deberían estar en este grupo. Es propio de personas inteligentes, que no se quedan con una sola visión de los hechos, que están capacitadas para mirar desde distintos ángulos la información y aprovechar los datos disponibles para pensar de un modo abarcativo.

*DQ+ y D aumentado*: es propio de personas que tienen habilidades y les gusta ocuparse de resolver cuestiones de tipo práctico concreto.

Los puestos intermedios, que no implican toma de decisiones complejas, requieren estas características. Son trabajadores potencialmente confiables, con capacidad para resolver dificultades laborales con sentido común y buen criterio.

### 7) DQv, las respuestas de Calidad Evolutiva vagas

SIGNIFICADO:

Indican limitaciones de tipo intelectual. Su presencia es un indicador de probables inconvenientes para la adaptación laboral si el sujeto debe cubrir tareas para las cuales se necesite inteligencia y precisión en el manejo de la información.

*DQv y W aumentadas*: alguien que da muchas respuestas globales y de calidad evolutiva vaga será un trabajador muy poco confiable si está en puestos de conducción. Este tipo de respuestas globales las dan personas que quisieran organizar, disponer, planificar, pero que lo hacen mal. Tal vez podrían funcionar bien en trabajos donde estuviesen limitadas las posibilidades de tomar decisiones por cuenta propia. Pero siempre habrá que tomar en cuenta que, aun en las tareas más sencillas, tendrán una tendencia a abarcar más de lo que efectivamente pueden hacer bien.

Cuando aparecen aumentadas W y DQv/+, es probable que se trate de personas que impresionan como muy emprendedoras, que quieren "ir para adelante", que dan sugerencias acerca de "cómo deben ser las cosas", que parecen capaces de organizarlo todo, pero que si se siguen sus ideas, irremediablemente las situaciones se complican en vez de solucionarse. Las que parecieron indicaciones útiles, terminan llevando a callejones sin salida; en un plazo más o menos breve se ponen en evidencia errores de evaluaciones que son significativos.

*DQv y D aumentado*: es propio de personas poco hábiles para resolver cuestiones de tipo práctico concreto.

Es de mal pronóstico que aparezcan en protocolos de personas que deban cubrir puestos donde se necesite apelar al sentido común para cumplir con la tarea.

Suelen aparecer en protocolos de personas que son emprendedoras, pero que no están en condiciones para hacer bien las tareas. Seguramente podrían desempeñarse mucho mejor en tareas absolutamente rutinarias, donde no deban tomar decisiones por cuenta propia.

Pueden llegar a ser elementos útiles si tienen una conducción apropiada, que permita canalizar la tendencia a ser laboriosos de manera que resulten útiles.

Vale la pena destacar que un trabajo rutinario puede significar cosas muy distintas: para algunos será una pesada cruz que hay que soportar, para otros, la posibilidad de realizar una tarea acorde con sus capacidades y que lo dignifica como trabajador útil.

## Interpersonal

Incluye las siguientes variables:

1) COP y AG
2) GHR : PHR
3) a : p
4) Fd
5) SumT
6) Contenidos Humanos
7) H pura
8) PER
9) Bt+2Cl+Ge+Ls+2Na/R

El análisis de Interpersonal permite formular hipótesis sobre el estilo de comportamiento del sujeto en sus relaciones con los demás.

Brinda información acerca de su capacidad para las relaciones interpersonales y sobre el tipo de interés ("positivo" o no) que los otros le despiertan.

Permite realizar inferencias sobre las actitudes que desplegará dentro de la empresa (con pares, superiores y/o subordinados) y con las otras personas que deba interactuar (clientes, proveedores, etcétera).

### 1) COP y AG, Contenidos Cooperativos y Agresivos

VALORES CONVENCIONALES:
Lo habitual es que estos códigos aparezcan en el protocolo.
La ausencia de ambos suele indicar poco interés en las relaciones interpersonales.
Cuando aparecen, es útil comparar la cantidad de respuestas COP con la cantidad de contenidos AG.

SIGNIFICADO:
Suelen dar AG personas que mantienen una actitud hostil hacia otros.
Como siempre, es importante interpretar estos códigos a la luz de la totalidad del protocolo. En algunos puestos de trabajo puede resultar útil la presencia de componentes agresivos en la persona que desempeña el cargo, pero frecuentemente es necesario que ellos estén acompañados por otros factores (por ejemplo, un buen control emocional, tolerancia a la frustración, Movimientos Cooperativos, etc.) para que el resultado sea una conducta adaptativa. Si no aparecen otros elementos compensatorios, es probable que los sujetos que dan AG tengan actitudes negativas hacia el entorno, sea cual fuere el puesto de trabajo en el que se desempeñen.

Dan COP quienes tienden establecer vínculos positivos con los demás.
Es importante tomar en cuenta que en evaluación laboral los sujetos suelen tratar de "vender una buena imagen" de sí mismos, y no sería extraño que atribuyan

COP porque piensen que "queda mejor" decir "están ayudándose" que "están peleando". La interpretación global del protocolo permitirá deslindar si existió un intento de simulación consciente.

*2) GHR : PHR, las respuestas de Representación Humana*
Informa sobre características de las relaciones interpersonales que el sujeto establece. No es razonable considerar este índice cuando sumados ambos códigos (GHR y PHR) dan menos de 3.

VALORES CONVENCIONALES:
GHR>PHR.

SIGNIFICADO:
Si aparece PHR>GHR convendrá considerar que esto suele darse en personas que despliegan conductas menos adaptadas que lo esperable en las relaciones interpersonales. Por lo tanto, si el puesto de trabajo requiere habilidad en los vínculos humanos, es altamente probable que surjan desajustes en el desempeño concreto.

*3) a : p, la Proporción activo : pasivo*
Es una relación entre la totalidad de los movimientos activos y pasivos.

VALORES CONVENCIONALES:
a>p.

SIGNIFICADO:
Informa sobre el tipo de rol que se asume en los vínculos.

*4) Fd, el contenido Comida*

VALORES CONVENCIONALES:
0.

SIGNIFICADO:
Las respuestas de comida aparecen muy poco. Suelen darse en protocolos de personas que tienen incrementados los rasgos de dependencia.
Suelen ser sujetos que cuando logran "ponerse la camiseta", se mantienen estables en sus compromisos y se subordinan sin mayores conflictos.

*5) SumT, las respuestas de Textura*
Es la suma de las respuestas de textura.

VALORES CONVENCIONALES:
0 (e/0 y 1).

Informa sobre la necesidad de cercanía con los demás. Si aparece más de una respuesta de textura, es probable que se trate de una persona que se adapte mejor a estilos paternalistas de conducción, a entornos donde se lo aliente y reciba reconocimientos explícitos por su desempeño.

### 6) Contenidos Humanos
Es la suma de todos los contenidos humanos.

VALORES CONVENCIONALES:
Mayor que 2.

SIGNIFICADO:
Comparado con H pura, informa sobre el interés por las personas.

### 7) H pura
Es la suma de todas las respuestas donde aparecen figuras humanas reales y completas.

VALORES CONVENCIONALES:
Mayor que la suma del resto de las respuestas de contenido humano.

SIGNIFICADO:
Si se dan los valores convencionales, la persona está tan interesada en los demás como la mayoría.

### 8) PER, las respuestas Personalizadas
Es la frecuencia total de respuestas en las que aparece el código PER.

VALORES CONVENCIONALES:
1 (e/0 y 3).

SIGNIFICADO:
Informa sobre las posibilidades de desplegar vínculos excesivamente defensivos y/o autoritarios en relación con otras personas. Suelen darse valores muy altos en vendedores exitosos, que tienen un estilo avasallante de venta: no toman en cuenta las necesidades del cliente, sencillamente imponen su propio deseo de vender y lo logran "pasando por encima" de cualquier otra consideración.

### 9) Bt+2Cl+Ge+Ls+2Na/R, el Índice de Aislamiento
Se relaciona con el aislamiento social. Se suman los contenidos de las categorías botánica, nubes, geografía, paisaje y naturaleza, teniendo en cuenta que nubes y

naturaleza deben multiplicarse por dos. Se divide este resultado por el número total de respuestas. La fórmula es:

$$\frac{Bt + 2Cl + Ge + Ls + 2Na}{R}$$

VALORES CONVENCIONALES:
Es significativo si está elevado (mayor que 0.45).

SIGNIFICADO:
"En los protocolos en que el Índice de Aislamiento está elevado, podemos hablar de sujetos menos implicados que lo habitual en las interacciones sociales. Este dato no significa necesariamente que tengan inadaptación o conflictos abiertos, sino que presentan mayor retraimiento ante los contactos o intercambios con el entorno". (Exner y Sendín, 1995).

*Un índice de aislamiento alto* puede constituir un indicador de buen pronóstico de desempeño para alguien que deba trabajar a solas o con muy pocas posibilidades de intercambios personales con otros.

*Un índice de aislamiento bajo* no brinda información. Por lo tanto, su presencia no excluye dificultades en las relaciones con los demás.

## *Autopercepción*

Incluye las siguientes variables:

1) 3r+(2)/R
2) Fr+rF
3) SumV
4) FD
5) An+Xy
6) MOR
7) H:(H)+Hd+(Hd)

El análisis de Autopercepción permite formular hipótesis sobre la imagen de sí mismo que el sujeto tiene y también sobre su autoestima.

Brinda una información fundamental para el pronóstico de desempeño laboral: por ejemplo, sujetos excesivamente (o muy poco) seguros de sí mismos pueden desplegar conductas francamente desadaptadas, aun en aquellos casos en que el análisis de otras variables nos indica un probable buen ajuste a los requerimientos del puesto de trabajo.

## 1) 3r+(2)/R, el Índice de Egocentrismo

Es una comparación entre las respuestas de reflejo y de par con la totalidad de las respuestas del protocolo. Cada determinante reflejo (sea Fr o rF) equivale a tres respuestas par.

Se obtiene con un cociente en el cual el numerador es la suma de las respuestas de reflejo multiplicada por tres, más la frecuencia del código par, y el denominador es el total de respuestas.

VALORES CONVENCIONALES:
Entre 0.26 y 0.60.

SIGNIFICADO:
Indica el grado en que la persona se toma a sí misma como centro de sus preocupaciones.

*Índice de Egocentrismo aumentado*: señala que el sujeto tiende a tomarse como centro exclusivo de sus preocupaciones. No brinda información sobre la autoestima (puede ser muy alta o muy baja). Estas personas suelen privilegiar tanto su propio punto de vista que pueden desplegar conductas francamente desadaptadas, de desconsideración hacia el entorno. Son muy malos negociadores: como les cuesta entender a otros, se les hace difícil flexibilizar sus propios criterios para adaptarse al interlocutor. Probablemente resultarán cansadores por su tendencia a realizar comentarios autorreferentes. Pero como están muy seguros de sí mismos, pueden llegar a ser excelentes vendedores, desplegando una modalidad caracterizada por imponer sus propios deseos (vender) y arrasando con las argumentaciones de sus interlocutores.

*Índice de egocentrismo disminuido*: señala que el sujeto tiene dificultades para tomarse a sí mismo como centro de interés. Suele darse en personas con tendencia a la depresión.

Es un indicador muy desfavorable en personas que deban realizar tareas que impliquen riesgos (personal de vigilancia, conductores de colectivos, trabajadores que deban manipular materiales contaminantes, etcétera). Probablemente el sujeto las acepte complacido, pero estará mucho más expuesto que otros a sufrir daños concretos.

## 2) Fr+rF, las respuestas de Reflejo

Sin que señale automáticamente por sí sola una situación patológica, la presencia de reflejo puede interpretarse como un elemento entorpecedor del logro de la madurez personal y del equilibrio de las decisiones y conductas del individuo. Las características de tipo narcisista en la organización de la personalidad dan lugar a un estilo básico de respuesta que genera una necesidad de reafirmación o confirmación continua y exagerada de la propia valía. Generalmente el sujeto va a aumentar sus aspiraciones a posiciones de relevancia social y a utilizar de modo abusivo la racionalización, la actuación y la negación, lo cual le puede predisponer a la desadaptación (Exner y Sendín, 1995).

Las respuestas de reflejo son estables: señalan una tendencia habitual en la persona.

Aparentemente, personas pertenecientes al clero, cirujanos y gente de teatro han dado respuestas de reflejo sin que esto implicase conductas desadaptadas.

Es probable que si un sujeto cuenta con buenos recursos y debe desempeñarse dentro de un entorno que lo admira, este rasgo narcisista puede funcionar como motor para generar otros logros. Personas con vocación de liderazgo dan estas respuestas.

### 3) SumV, las respuestas de Vista

Se obtiene sumando la totalidad de las respuestas de vista.

VALORES CONVENCIONALES:
1 (e/0 y 1).

SIGNIFICADO:
Si aparece más de una respuesta de vista, probablemente estemos frente a un sujeto que cuando se observa a sí mismo formula un juicio negativo; es la llamada "introspección dolorosa". Suele darse en personas con tendencia al decaimiento anímico, que tienen muy poca confianza en sí mismas y que dudan de sus posibilidades reales de llevar a cabo con éxito tareas que no están habituadas a realizar.

### 4) FD, las respuestas de Forma Dimensión

Las respuesta FD (igual que las V) dan cuenta de la actividad introspectiva y de la autopercepción. Pero en las FD no existe el preconcepto negativo en el juicio sobre sí mismo que aparece en V.

VALORES CONVENCIONALES:
1 (e/0 y 2).

SIGNIFICADO:
Si aparecen más de dos respuestas FD, probablemente el sujeto esté dedicando demasiadas energías a su autoevaluación: esto podría verse reflejado en una merma del interés puesto en el mundo externo (tanto en relación con otras personas como en las actividades).

La eficiencia laboral podría verse disminuida: al estar demasiado ocupado de sí mismo, el sujeto corre el riesgo de descuidar otras responsabilidades.

### 5) An+Xy, los contenidos Anatomía y Radiografía

VALORES CONVENCIONALES:
Menor que 2.

SIGNIFICADO:

Los contenidos de las categorías Anatomía y Radiografía se relacionan con un aumento de las preocupaciones en torno al cuerpo. Cuando la sumatoria de ambos es mayor que 2, si no existen problemas físicos concretos, es probable que se den trastornos en la autoimagen.

## 6) MOR, los Contenidos Mórbidos

VALORES CONVENCIONALES:
1 (e/0 y 2).

SIGNIFICADO:

Cuando es mayor, se puede pensar en un sujeto pesimista, con pocas esperanzas de mejorar, que siempre ve "el lado negro de las cosas".

En lo laboral, sus relaciones con los demás estarán teñidas de este aspecto doloroso. Es probable que tenga pocas energías disponibles para la tarea. La falta de confianza en un futuro mejor le restará entusiasmo y hará que surjan dificultades en el trato cotidiano.

## 7) H : (H)+Hd+(Hd)

Es una comparación entre la frecuencia total del código H pura en relación con los otros contenidos humanos.

VALORES CONVENCIONALES:
H > (H)+Hd+(Hd).

SIGNIFICADO:
Informa si la autoimagen está basada en una percepción realista de sí mismo.

# Apéndice

*a) Estudio de un caso*

# PRESENTACIÓN

Se trata de una empresa familiar dedicada a la fabricación y venta de herramientas para la industria. El dueño es el padre. Dos de sus hijos se ocupan de tareas gerenciales.

El postulante es presentado por el dueño: son viejos conocidos y goza de su confianza ("sé que es una persona de bien, que no irá en contra de los intereses de la empresa").

La evaluación es solicitada por uno de los hijos, que tiene "algunas dudas" sobre el pronóstico de desempeño del postulante. El dueño, no del todo convencido, acepta que se realice el estudio.

Desde la empresa, informan:

1) "Se espera del postulante que realice tareas de venta. La venta es al usuario directo. Existe una cartera de clientes y deberá incorporar clientes nuevos."
2) "Es probable que deba viajar al interior (viajes cortos, de dos o tres días)."
3) "En Capital tendrá cuatro vendedores a cargo (o sea que cumplirá funciones de jefe de ventas)."
4) "Se espera que pueda 'hacer estudios de mercado' en el interior (para poder evaluar hacia dónde le conviene dirigir sus energías, evitando así perder tiempo en visitas inútiles)."
5) "La venta está difícil."

De este informe se desprende el perfil que se describe a continuación.

## *Perfil*

1) Debe ser una persona persuasiva, de buen trato, con capacidad para iniciar una relación y sostenerla en el tiempo, con buen sentido de la oportunidad para cerrar una negociación.
2) Debe poder separarse de los suyos "dejando atrás" cuestiones personales para poder así concentrarse en lo nuevo (la venta). Deberá ser capaz de reencon-

trarse luego, reestableciendo los lazos pendientes (si no lo logra se alterará el funcionamiento familiar y esto repercutirá en el rendimiento). Debe tener tolerancia a la frustración y capacidad de espera.

3) Tiene que ser organizado y autónomo, alguien con capacidad de conducción y aptitudes para supervisar a otros.

4) Debe poseer una buena capacidad para obtener información, jerarquizarla y discriminarla, considerando distintas variables de manera simultánea.

5) Debe ser una persona inteligente, que sepa aprovechar las oportunidades que se le brinden y generar otras nuevas.

## DATOS DEL POSTULANTE

Oscar, 58 años. Estudios terciarios completos, especializado en comercialización. Casado, tres hijos (de 16, 18 y 22 años). La esposa es docente.

### *Síntesis de la información obtenida durante la evaluación de la entrevista*

Se ha dedicado siempre a la venta. Ha viajado mucho recorriendo el interior del país. Tuvo distintos lugares de residencia, según su situación laboral. Trabajó en importantes empresas, dedicadas a distintos rubros. Desempeñó cargos de responsabilidad a nivel gerencial.

Los altibajos propios de un país inestable en su economía hicieron que fuese cambiando de trabajos para adaptarse a las nuevas condiciones imperantes. Al momento de la entrevista, lleva más de dos años sin trabajar en relación de dependencia y desde hace aproximadamente un año ha procurado, sin éxito, establecerse por cuenta propia.

El postulante informa que no ve inconvenientes para él en este trabajo. Destaca que la tarea de ventas es lo que siempre hizo. Subraya su agradecimiento al dueño de la empresa, antiguo amigo suyo, que le brinda esta oportunidad, porque su edad se ha transformado en un serio impedimento para conseguir trabajo.

Últimamente se ha abocado más a su familia, para "compensar el tiempo que estuvo viajando por afuera". Parece haber reemplazado sus habituales prácticas deportivas por "charlar con gente amiga".

En el curso de la entrevista el sujeto se vuelve en parte confuso para hablar, especialmente cuando relata su experiencia laboral. Impresiona como alguien que ha sido siempre muy responsable y que "la vida le pagó mal" sus esfuerzos, y que, por esto, se encuentra resentido. Se lo ve excesivamente preocupado por "caer bien", resultando algo "pegajoso" en el trato con la entrevistadora.

| *Lámina I* | |
|---|---|
| 1) El parecido es a un insecto. | E: (repite respuesta).<br>S (señala W): Por la forma que tiene. Nunca fui vendedor de insecticidas pero he visto muchos tipos de insectos y sé que son así. |
| 5) Se aproxima también a una proyección aérea de suelos.<br>Parece una fotografía aérea. | E: (repite respuesta).<br>S (señala W): Por los tonos más claros y más oscuros, se ve el relieve. |
| 6) ¡Un diablo! O una aparición de una película de terror.<br>Esto no tiene belleza como para describir algo más agradable. | E: (repite respuesta).<br>S (señala D4): Por la figura de la cabeza, es oscura y acá como humo (señala la zona lateral a D2). El cuerpo está de frente, nunca de espaldas, se ve la parte del tronco y la cabeza.<br>E: ¿Como humo?<br>S: Sí, se eleva (gesto). |
| 7) Parece un cuero antiguo que está deteriorado.<br>¡Es que no dice nada lindo esta lámina!<br>Soy un convencido que no hay que decir todo lo feo que uno ve, porque lo feo ¡duele!<br>Está como colgado de un balcón. | E: (repite respuesta).<br>S (señala W): Parece un cuero (palpa la lámina), parece muy deteriorado. Se asemejaría a la piel de un jabalí que por las peleas puede estar muy golpeado, tiene agujeros.<br>E: ¿Usted dijo colgado?<br>S: Sí, como que cuelga (deja caer sus propios brazos hacia los costados). |
| *Lámina II* | |
| 2) Acá observo dos búfalos que se enfrentan en una lucha y dos osos que se pelean, dentro de una caverna. Hay plantas también. | E: (repite respuesta).<br>S (señala D1): Se le parece a dos búfalos. Da la sensación de lucha por su territorio, por su defensa.<br>E: ¿Y dos osos se pelean?<br>S: Sí, acá (señala D4), se pelean levantándose.<br>E: ¿Usted dijo dentro de una caverna?<br>S: Creo que es una caverna y sigue más atrás (señala D3), porque acá está más oscuro y acá más claro. Aquí (D2) serían plantas, son verdes. |

→

115

| | |
|---|---|
| 8) Me da la sensación de una garganta con amígdalas. | E: (repite respuesta). <br> S (señala DS4): Se parece por el color que tiene, se ven así. |
| 9) Acá una especie de camino, circundado con plantación en los costados. | E: (repite respuesta). <br> S (señala zona blanca entre marrones): El camino es así. Lo marrón sería la meseta, es de ese color. Esto (señala pequeña zona superior en lo marrón), plantas. <br> E: Ayúdeme a verlo. <br> S: Sí, acá y acá (señala otra vez), tienen la forma de plantitas. |
| *Lámina III* | |
| 3) Dos niños jugando. | E: (repite respuesta). <br> S (señala D3): Se le parecen, son así, están jugando entre ellos. |
| 4) Dos personas dialogando. Me da la sensación de no discusión, hablando sin ninguna agresión. Lo rojo seguramente es algo de complemento, pero no sé cómo ubicarlo. Hay gente que tiene mucha fluidez para estas cosas, ¡por favor, no anote esto! | E: (repite respuesta). <br> S (señala D3): Sí, podrían ser también personas hablando. No sé qué es lo rojo (D1). |
| 10) Una pareja danzando. Se ven las dos figuras ambas. Aquí tienen pañuelos rojos atados. | E: (repite respuesta). <br> S (señala D5): Se los ve como en un movimiento de baile. <br> E: ¿Pañuelos rojos atados? <br> S: Sí, aquí (señala D1), se ve como si estuviesen anudado uno y el otro. |
| 11) Parece una danza, como si acá hubiese un eje pulido y esto, una calesita de niños alrededor de la cual giran las figuras. | E: (repite respuesta). <br> S (señala W): Se ven los niños danzando (señala D3 y D2). <br> E: ¿Usted dijo un eje pulido? <br> S: Sí, aquí (señala D1), alrededor de ese eje giran las figuras. <br> E: ¿Por qué pulido? <br> S: Se ve liso, como si fuese liso en el centro, parece pulido. |

# ANÁLISIS DEL TEST DE ZULLIGER

Luego de codificadas, las respuestas se vuelcan en la planilla "Secuencia de Codificaciones".

## Secuencia de Codificaciones

| Lám. | N°rta. | N°loc. | Loc. | DQ | Det. | FQ | (2) | Cont. | P | Pje.Z | CC.EE. |
|------|--------|--------|------|-----|--------|-----|-----|---------|-----|-------|----------|
| I | 1 | | W | o | F | o | | A | P | 1.0 | PER |
| | 5 | | W | v | VF | u | | Ls | | | |
| | 6 | Dd99 | Dd | + | FC'.ma | u | | (Hd),Fi | | 4.0 | DR1.GHR |
| | 7 | | WS | o | FT.mp | o | | Ad | | 3.5 | MOR.DR1 |
| II | 2 | | W | + | FMa.VF.C | o | (2) | A, Ls | | 5.5 | AG |
| | 8 | DS4 | DS | o | CF | - | | An | | 4.0 | |
| | 9 | DdS99 | DdS | + | CF | - | (2) | Ls | | 3.0 | |
| III | 3 | D3 | D | + | Ma | o | (2) | H | P | 4.0 | COP.GHR |
| | 4 | D7 | D | + | Mp.C | o | (2) | H, Id | P | 3.0 | DR1.GHR |
| | 10 | | D | + | Ma.FC.mp | u | (2) | H, Cg | | 3.0 | DV2.PHR |
| | 11 | | W | + | Ma.FT | o | | H, Sc | P | 5.5 | GHR |

Con esta información se completa la planilla "Frecuencia de variables".

## Frecuencia de variables

| LOCALIZACIÓN | DETERMINANTES | | CONTENIDOS | | Resumen del enfoque | |
|---|---|---|---|---|---|---|
| Zf = 10 | *Complejos* | *Sencillos* | H = 4 | | Lám. | Loc. |
| Zsum = 36.5 | | | (H) = | | I: | W.W.Dd.WS |
| W = 5 | FC'.ma | M = 1 | Hd = | | II: | W.DS.DdS |
| D = 4 | FT.mp | FM = | (Hd) = 1 | | III: | D.D.D.W |
| (W + D) = 9 | FMa.VF.C | m = | Hx = | | | |
| Dd = 2 | Mp.C | FC = | A = 2 | | | |
| S = 3 | Ma.FC.mp | CF = 2 | (A) = | | | |
| | Ma.FT | C = | Ad = 1 | | | |
| | | Cn = | (Ad) = | | **CÓDIGOS ESPECIALES** | |
| *DQ* | | FC' = | An = 1 | | *Nivel 1* | *Nivel 2* |
| + = 7 | | C'F = | Art = | | DV = x1 | 1x2 |
| o = 3 | | C' = | Ay = | | INC = x2 | x4 |
| v/+ = 0 | | FT = | Bl = | | DR = 3x3 | x6 |
| v = 1 | | TF = | Bt = | | FAB = x4 | x7 |
| | | T = | Cg = 1 | | ALOG = x5 | |
| | | FV = | Cl = | | CONT = x7 | |
| *CALIDAD FORMAL* | | VF = | Ex = | | | |
| | | V = | Fd = | | | |
| *FQx* | *MQ* | *W+D* | FY = | Fi = 1 | | |
| + = 0 | + = | + = 0 | YF = | Ge = | Suma Bruta 6 = 4 | |
| o = 7 | o = 4 | o = 7 | Y = | Hh = | Suma Pond 6 = 11 | |
| u = 2 | u = | u = 1 | Fr = | Ls = 3 | | |
| - = 2 | - = | - = 1 | rF = | Na = | AB = | CP = |
| sin = 0 | sin = | sin = 0 | FD = | Sc = 1 | AG = 1 | MOR = 1 |
| | | | F = 1 | Sx = | CFB = | PER = 1 |
| | | | (2) = 5 | Xy = | COP = 1 | PSV = |
| | | | | Id = 1 | GHR = 4 | PHR = 1 |

## Cálculos numéricos: las Agrupaciones

| *Sección principal* | *Afectos* | *Interpersonal* |
|---|---|---|
| R = 11    L = 0.10 | FC : CF + C = 1 : 2 + 2 | COP = 1          AG = 1 |
| EB = 4 : 5.5   EA = 9.50 | C pura = 2 | GHR : PHR = 4 : 1    a : p = 5 : 3 |
| eb = 4 : 5    es = 9 | SumC' : SumPondC= 1 : 5.50 | Fd = 0 |
| - - - - - - - - - - - - - - - - - - - | Afr = 0.37 | SumT = 2 |
| FM = 1   C' = 1   T = 2 | S = 3 | Contenidos Humanos = 5 |
| m = 3   V = 2   Y = 0 | Complej : R = 6 : 11 | H pura = 4 |
| | CP = 0 | PER = 1 |
| | | Bt+2Cl+Ge+Ls+2Na/R = 0.27 |

| *Ideación* | *Mediación* | *Procesamiento* | *Autopercepción* |
|---|---|---|---|
| a : p = 5 : 3 | XA % = 0.82 | Zf = 10 | 3r + (2) / R = 0.45 |
| Ma : Mp = 3 : 1 | WDA % = 0.88 | W : D : Dd = 5 : 4: 2 | Fr + rF = 0 |
| 2AB + (Art + Ay) = 0 | X-% = 0.18 | W : M = 5 : 4 | FD = 0 |
| MOR = 1 | S-% = 1 | Zsum = 36.5 | An + Xy = 0 |
| Suma Bruta 6 = 4 | P = 4 | PSV = 0 | MOR = 1 |
| Nivel 2 = 1 | X+% = 0.64 | DQ+ = 7 | H: (H) + Hd + (Hd) = 4 |
| Suma Pond 6 = 11 | Xu% = 0.18 | DQv = 1 | |
| MQsin = 0 | | | |
| M - = 0 | | | |

A partir de estos datos, y tomando en cuenta los valores convencionales y los requerimientos del puesto de trabajo, se pueden formular las siguientes hipótesis tentativas:

## Controles

*1) R*: alcanza el número necesario de respuestas para resultar un protocolo válido.

*2) L* tiende a ser bajo: está muy pendiente de la información que recibe y, como consecuencia, podría verse sobrepasado por datos que no termina de procesar. No se lo ve en las mejores condiciones para discriminar urgencias y organizar tareas. Podría enredarse con sus ideas y no saber por dónde empezar a pensarlas: esto afectaría su eficiencia. Funcionaría mejor con una supervisión cercana que le pautase sus actividades.

*3) EB* tiende a ser extratensivo: suele utilizar el ensayo y error para resolver los problemas. Es una persona emocional, que incluye mucho sus afectos al realizar evaluaciones.

Buscará interactuar con otros y es probable que se muestre entusiasta. En la tarea de ventas, será alguien que "irá al frente", poniendo energías en lo que haga.

Si se toma en cuenta el L disminuido, el riesgo es que desperdigue sus energías pretendiendo abarcar demasiadas cuestiones de manera simultánea.

*4) EA* alto: potencialmente, cuenta con los recursos internos necesarios para tomar decisiones y ponerlas en práctica.

*5) eb* lado derecho mayor que el izquierdo: las tensiones internas han aumentado su sensación de sufrimiento y de dolor psíquico. Estos afectos le provocan una sobrecarga que lo predispone a conductas impulsivas. Mostrará poca tolerancia a la frustración y es probable que esté disminuida su capacidad de espera.

Las respuestas de V señalan la presencia de fuertes componentes de desvalorización asociados a los procesos de introspección; indican que cuando realiza tareas de autoexamen, las impregna de matices de autocrítica negativa, produciéndose, consecuentemente, sentimientos de desagrado y congoja, que aumentan su sufrimiento psíquico. Éste es un indicador desfavorable para alguien que deberá afrontar situaciones de estrés mayores que las habituales. Para poder vender, es deseable que logre mantenerse sereno y seguro de sí mismo: probablemente se adaptaría mejor a tareas rutinarias, donde las actividades y las relaciones con los demás estuviesen muy estructuradas, donde no se esperase de él toma de decisiones que, por ser inseguro, significarían un sobreestrés perturbador para un buen ajuste laboral.

119

Por otra parte, pese a contar con empuje (EB) y buenos recursos (EA), si él mismo necesita ser alentado, estimulado, difícilmente logre ser el sostén que brinde un respaldo firme a un equipo de trabajo: no parece estar en buenas condiciones para hacerse cargo de responsabilidades de conducción y supervisión de otros.

Las respuestas de T indican que tiene mayor dificultad que la habitual para desprenderse de algo cuando ha logrado un arraigo. Seguramente, si es incorporado a la empresa, buscará responder a las expectativas de sus superiores, acatando las indicaciones que reciba. Pero el trabajo para el cual se postula implica estar lejos de su familia; la pregunta que se plantea es: ¿podrá separarse y volver a reencontrarse con ella sin que esto lo perturbe emocionalmente hasta el punto de afectar su rendimiento? Parece dudoso.

En la medida en que las variables aumentadas (T y V) se relacionan con malestares de tipo crónico, no es esperable una modificación de estas características a mediano plazo.

Lado izquierdo: hay un incremento de malestar de tipo agudo (aumento de "m"). Es probable que la situación de desempleo sea generadora de tensión, pero como no puede asegurarse que sea *la única* fuente de estrés actuante, hay que contemplar la posibilidad de que las tensiones actuales afecten el cabal aprovechamiento de los recursos disponibles *aún después* de haber conseguido trabajo.

*6) es*: cuantitativamente está dentro de los valores convencionales, esto indicaría que las situaciones de sobrecarga interna serían similares a lo que es habitual en la mayoría de las personas. Pero si se toma en cuenta cómo está formada, el análisis de la "es" sugiere la presencia de malestares no sólo circunstanciales, sino principalmente crónicos, que lo hacen más vulnerable que a otros frente al incremento de tensiones.

El trabajo para el que se postula requiere de alguien que cuente con buenos recursos, y él los tiene, pero que además logre hacer un uso apropiado de ellos, aun frente a situaciones difíciles, y esto no parece ser tan seguro que lo logre.

## Mediación

*1) P alta*: es un indicador favorable, señala buenas posibilidades de entendimiento de lo que es convencional. Esta característica es muy conveniente para realizar tareas de ventas, indica que tiene posibilidades de funcionar como "una persona común" que puede entenderse con los otros en las cuestiones más habituales.

*2) X+%, Xu% y XA% dentro de lo convencional*: señala un ajuste apropiado a lo que es convencional, reafirma la hipótesis anterior.

*3) X-% dentro de lo convencional*: no es probable que muestre signos de desadaptación significativos, que lo conviertan en una persona "rara" o difícil de entender para otros.

4) *XA% y WDA% convencional*: si se toman en cuenta éstas, junto con las proporciones anteriores, parece que es alguien que ve y entiende las cosas que se le presentan de una manera similar a como lo hace la mayoría de la gente. Ser una persona "común" le permitirá funcionar adaptativamente en situaciones que son comunes.

El trabajo para el que se postula es una tarea que él conoce: será entonces algo "común" que está potencialmente en condiciones de hacer bien. Pero tiene incrementadas las necesidades de cercanía y respaldo emocional (eb), y esto es difícil de lograr en una situación de viajes cortos realizados de manera continua y en tareas donde debe ser él quien asuma responsabilidades de conducción. El tener que desenvolverse en un entorno poco propicio a sus condiciones internas podría facilitar la aparición de sus aspectos más endebles, disminuyendo su eficiencia laboral.

5) *S-% aumentado*: podrían estar presentes dificultades de tipo emocional que lo inclinan a comportamientos de tipo negativista, molestos en tareas de negociación y/o conducción.

## Ideación

1) *a : p*: probablemente sea un sujeto capaz de tomar iniciativas, que no mostrará rigidez en sus ideas y valores.

2) *Ma : Mp*: frente a las dificultades, buscará solucionarlas de una manera realista y no solamente quedándose en especulaciones fantasiosas.
Éste es un indicador favorable para la tarea, sobre todo en alguien que tiene buenos recursos (EA, Mediación); el riesgo (L, EB) es que desperdigue sus energías y no logre aprovecharlas a pleno.

3) *2AB + (Art + Ay)*: obtiene valores convencionales.

4) *M-*: no aparecen.

5) *Suma Bruta 6*: está dentro de los valores convencionales.

6) *Nivel 2*: si bien aparece sólo uno (y se trata de un DV), su presencia pone una señal de alerta en alguien que debería poder usar el lenguaje de un modo fluido en el trabajo cotidiano.

7) *Suma Pond 6*: está algo aumentada. La presencia de lapsus y/o fallas lógicas incrementados más allá de lo habitual podrían resultar un elemento poco propicio

para alguien encargado de conducir a otros y trabajar diariamente en tareas de persuasión ligadas a la venta.

8) *MQsin*: no aparecen.

## *Afectos*

1) *FC : CF + C:* el lado derecho (CF + C) tiene un valor superior al del izquierdo (FC). La variable que supera lo convencional es C pura. Existe la posibilidad de estar frente a alguien que puede tener conductas poco mesuradas. Sujetos que "explotan", violentos y, a veces, descontrolados, suelen tener protocolos en los que figuran estos valores. En situaciones de mayor tensión, como las que se darán cuando viaje, podrían ponerse en evidencia estos aspectos desajustados.

En condiciones tranquilas, tal vez impresione como alguien que puede dar muestras de entusiasmo y empuje (correlaciona bien con la proporción a : p y Ma : Mp), adaptándose a lo que es convencional (Mediación).

2) *Sum C': Sum Pond C:* obtiene valores convencionales.

3) *Complej : R:* las respuestas complejas están aumentadas y el sujeto dispone de recursos, pero no puede asegurarse que los use siempre "a pleno": aparecen tendencias impulsivas (FC : CF + C), negativistas (S-%) y bajo registro de necesidades (FM disminuidas).

Es un mal indicador: podría tener dificultades de control y desorganizarse si se ve sometido a sobretensiones.

En una misma respuesta (la Nº 2) aparecen como determinantes V y C: es un indicador de confusión, de ambivalencia afectiva que va a provocar sufrimiento. Si este estado anímico se dispara cuando esté trabajando, es casi inevitable que su eficiencia se vea afectada. Es difícil que logre un buen rendimiento en tareas de venta alguien con "ánimo perdedor", sobre todo si, como informan desde la empresa, "la venta está difícil".

4) *Afr:* obtiene valores convencionales.

5) *CP*: no aparece.

6) *S:* aparecen tres respuestas S, dos de ellas son FQ- y, además, en la proporción FC : CF + C está excesivamente aumentada C. Esta agrupación señala que existen mayores posibilidades de que se concreten conductas agresivas negativistas (del tipo "no, porque no, porque lo digo yo"), perturbadoras para llevar adelante tareas de conducción que permitan el desarrollo de la gente a su cargo.

## Procesamiento

*1) Zf y ZSum:* tanto la frecuencia como los valores convencionales del puntaje Z están aumentados. Es un sujeto que pone un alto nivel de iniciativa y motivación en lo que emprende.

*2) W : D : Dd:* es una persona a quien le interesa muy especialmente realizar tareas de análisis, que tiende a tomar la información en su conjunto (W% aumentado), y que corre el riesgo de perder el sentido de lo que es práctico-concreto (D% disminuido). Este tipo de protocolo no sería el más indicado si lo que se busca es alguien "con los pies en la tierra", capaz de resolver y "sacar adelante" la tarea de manera rápida.

*3) W : M:* obtiene valores convencionales. Sus ambiciones parecen guardar relación con los recursos que posee; es un indicador de adaptación.

*4) DQ+:* aparecen varias respuestas. Indican un buen potencial intelectual. Probablemente sea una persona inteligente, que posee habilidades que le permitirían realizar buenos procesos de análisis y síntesis de la información disponible.
Algunas características emocionales detectadas (véase la agrupación anterior, Afectos) inclinan a suponer que no siempre podrá usar plenamente estos recursos y que su desempeño general se verá afectado en las condiciones de entorno que deberá afrontar.

*5) DQv:* dentro de lo convencional.

## Interpersonal

*1) COP y AG:* dentro de lo convencional.

*2) GHR : PHR:* dentro de lo convencional, no se detectan dificultades en el área de las relaciones interpersonales.

*3) a : p:* puede tomar iniciativas en los vínculos con los demás.

*4) Contenidos humanos y H pura:* constituye un buen indicador para un puesto de ventas con gente a cargo. Es probable que su interés por lo humano le haya servido, y le sirva en el presente, como un elemento de compensación de algunas falencias. Se puede contar con que, cuando esté tranquilo, podrá realizar una apreciación realista de sí mismo y de los demás, prerrequisito necesario para poder llevar adelante negociaciones exitosas y tareas de conducción y supervisión.

5) *Fd:* dentro de lo convencional.

6) *SumT elevada:* señala mayor necesidad de cercanía y contacto. Esto es una característica muy poco deseable para alguien que debe manejarse de manera autónoma y lejos de sus grupos de pertenencia.

7) *PER:* dentro de lo convencional. No se ha detectado presencia de autoritarismo infantil.

8) *Aislamiento/R*: no supera el límite crítico.

## Autopercepción

Los valores de todas las variables que integran esta agrupación están dentro de lo convencional, con excepción de la suma de las respuestas de vista.

Es probable que se trate de una persona que, cuando se observa a sí misma, tienda a ver su lado negativo con una lente de aumento. La introspección dolorosa es una característica poco favorable para alguien que tiene que trabajar en ventas y lejos de sus grupos de contención; el riesgo es que inicie las negociaciones con ánimo perdedor, creando así un terreno fértil para que tenga lugar la profecía autocumplida ("yo para esto no sirvo").

## Síntesis

Considerando lo anteriormente analizado, se puede inferir lo siguiente:

Se trata de una persona inteligente, que cuenta con un potencial de recursos suficientes como para realizar evaluaciones apropiadas, tomar decisiones y ponerlas en práctica. Pero su rendimiento concreto se verá afectado por razones de índole emocional: es esperable que en el desempeño concreto funcione por debajo de sus posibilidades.

Estará excesivamente pendiente de la información que reciba, viéndose así sobrepasado por datos que no terminará de digerir. Las consecuencias serán dificultades para discriminar urgencias y organizar tareas: se enredará con sus ideas y no sabrá por dónde empezar a pensarlas. Podría perder oportunidades para concretar negocios y fracasar en sus intentos para averiguar cuáles son las condiciones del mercado imperantes. Trabajando en el interior, podría sentirse "perdido" sin alguien próximo que lo ayude a ordenarse. La eficiencia se verá afectada.

Puede entenderse con los otros en situaciones superficiales y/o en vínculos esporádicos. Es probable que su interés por lo humano le haya servido, y le sirva en el presente, como un elemento de compensación de otras falencias.

Se puede contar con que, en condiciones de tranquilidad, hará una apreciación realista de sí mismo y de los demás, requisito para poder llevar adelante conductas adaptadas. Funcionará como "una persona común" que puede entenderse con los otros y que es capaz de resolver bien los hechos que se le presenten, poniendo un gran monto de energía en su accionar. Es probable que su experiencia pasada y sus recursos naturales le permitan desempeñarse sin mayores inconvenientes.

Probablemente, el elemento de mayor peso que "le juega en contra" es la imagen que él mismo tiene de sí: su trayectoria pasada, las complicaciones vividas, han hecho que confíe poco en sus propios recursos y tiende, ante las dificultades, a enfrentar con ánimo perdedor las tareas. Es este ánimo perdedor, más que una incapacidad intelectual o una falta de habilidad concreta, el elemento que lo perturbará para concretar con éxito las negociaciones que emprenda.

Bajo presión, el peso de situaciones conflictivas no resueltas se hará sentir. En estos casos, la baja de su autoestima funcionará como freno para poder tomar iniciativas y, cuando actúe, el riesgo es que por querer hacer "algo grande", deje pasar aquello que efectivamente sería posible concretar.

La presencia de algunas características inmaduras hacen temer comportamientos poco controlados. En algunos casos, es probable que le cueste entender las argumentaciones de los demás: se cerrará en sus propias ideas y esto lo ubicará en malas condiciones para realizar tareas de negociación; pensará que el otro no entiende lo que es evidente y le costará advertir que sus propios argumentos podrían merecer una corrección. Le costará tolerar las esperas y frustraciones propias del cargo.

En cuanto a la posibilidad de tener personal a su cargo, no se lo ve en las mejores condiciones. Mal supervisor podría resultar si él necesita ser organizado por otro. Es probable que esta falencia pase desapercibida si se dan condiciones especialmente favorables de entorno, pero si este requisito no se cumple, podría fallar en cuestiones de índole práctico-concretas, y justamente la buena capacidad de resolución de ellas es necesaria para un cargo de coordinación de vendedores.

Podría presentar síntomas de desarraigo si debe efectuar viajes de manera continua: no se lo ve en buenas condiciones para adaptarse a cambios permanentes, ya sean de personas o de lugares. Ellos podrían restarle fuerzas y desorganizarlo: sus dificultades se acentuarán.

En el presente está excesivamente enfrascado en sus preocupaciones, y obtener un trabajo estable no parece ser requisito suficiente como para un cambio en ese sentido. Le va a costar "dejar sus preocupaciones en casa" y esto afectará su desempeño.

Se adaptaría mejor a tareas rutinarias, donde las actividades y las relaciones con los demás estén muy estructuradas, donde pudiese arraigarse y funcionar en un rol de subordinación, teniendo cerca a alguien que le planifique la tarea y lo supervise. Éstas no son las condiciones del puesto de trabajo para el que se postula.

*Conclusiones:*

No parece haber un ajuste apropiado entre los requerimientos del puesto de trabajo y las posibilidades de desempeño concretas del postulante.

## COMENTARIOS SOBRE LA EVALUACIÓN REALIZADA

En la evaluación realizada se utilizaron, además del Test de Zulliger, otras técnicas. Los resultados de cada una de ellas concordaban con las hipótesis aquí puntualizadas.

Tal como se hace habitualmente, se elevó un informe a la empresa incluyendo las hipótesis de pronóstico de desempeño laboral a las cuales se había arribado.

La entrevista de devolución con el postulante se organizó empezando por sus aspectos más adaptativos como trabajador en general, para pasar luego a puntualizar las probables dificultades de ajuste en ese puesto de trabajo específico. Así, se subrayó la presencia de un potencial muy bueno que, para poder expresarse de manera apropiada, necesita condiciones de entorno que no son las que se darán en este puesto de trabajo.

Se abordaron las dificultades actuales y la necesidad de buscar actividades que permitieran aprovechar los recursos que efectivamente posee.

En la entrevista de devolución, el postulante mostró signos de abatimiento: dio por seguro que no sería incorporado a la empresa, reconoció sus dificultades y manifestó temor ante la posibilidad de no poder salir de su situación de desempleo.

Se subrayó que la decisión final acerca de su incorporación o no a la empresa correspondía a sus directivos. Se puso énfasis en que la dificultad principal estaba en la falta de un encastre apropiado entre lo que la empresa necesitaba y lo que él podía ofrecerle. Se aclaró que no estaba en juego la consideración de él como trabajador en general (y mucho menos la consideración de él como persona), sino sus posibilidades de adaptación a ese trabajo en particular.

Cuando se retiró de la entrevista, lo hizo dando muestras de preocupación y de agradecimiento: de preocupación, porque se confirmaban sus ideas acerca de las dificultades para revertir su situación laboral; de agradecimiento, porque de una manera clara, había podido hablar con otra persona no sólo sobre las dificultades externas para conseguir trabajo sino también sobre las internas, y vislumbraba que, aunque no sería sencillo, existían algunos caminos posibles para recorrer (orientar su búsqueda hacia actividades más acordes con sus posibilidades actuales).

### Evolución posterior

A pesar del informe recibido, el dueño de la empresa, en desacuerdo con sus hijos, resolvió incorporar al postulante. Argumentó que para él lo más importante era que se trataba de una persona conocida que siempre había resultado confiable.

A los cuatro meses de realizada la incorporación, Oscar fue separado del cargo: los pronósticos de probable desempeño laboral que se realizaron en el informe se cumplieron.

## Algunas reflexiones finales

La incorporación de Oscar fue una decisión desafortunada. Para la empresa resultó una lamentable pérdida de tiempo y dinero. Por otra parte, Oscar, al ser aceptado para desempeñarse en ese trabajo, debe haber alimentado expectativas que, frente a la realidad del despido, seguramente incrementaron los sentimientos de desvalorización que ya eran muy fuertes en él. Además, este proceso significó la ruptura de una relación amistosa con el dueño de la empresa.

Guardo la esperanza de que haya podido considerar las cuestiones que juntos abordamos en la entrevista de devolución. De ser así, quizá no le habrá resultado tan duro ser despedido, tal vez habrá podido pasar del juicio lapidario "yo no sirvo" a otro más realista: "ese trabajo no es para mí".

*b) Hoja de Localización*

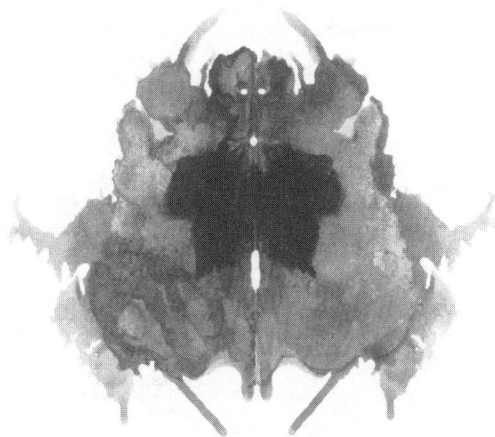

LÁMINA I

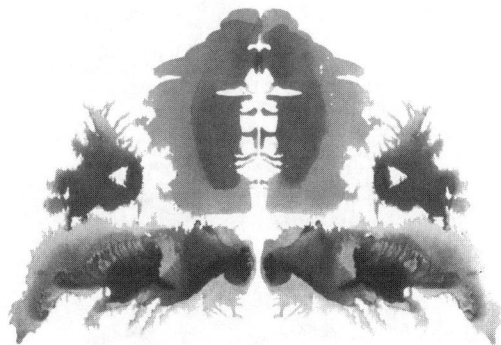

LÁMINA II

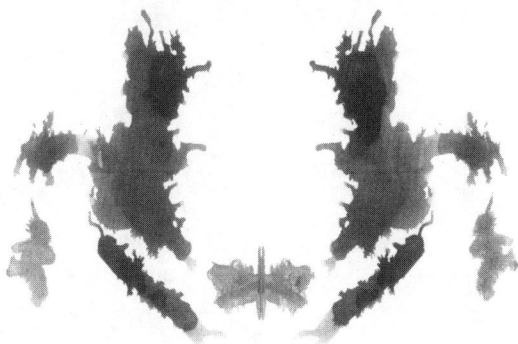

LÁMINA III

131

*c) Planillas: Secuencia de Codificaciones
y Sumario Estructural*

## Secuencia de Codificaciones

| Lám. | Nº rta | Nº loc. | Loc. y DQ | Determinantes | FQ | (2) | Cont. | P | Pje Z | CC.EE. |
|------|--------|---------|-----------|---------------|-----|-----|-------|---|-------|--------|
|      |        |         |           |               |     |     |       |   |       |        |
|      |        |         |           |               |     |     |       |   |       |        |
|      |        |         |           |               |     |     |       |   |       |        |
|      |        |         |           |               |     |     |       |   |       |        |
|      |        |         |           |               |     |     |       |   |       |        |
|      |        |         |           |               |     |     |       |   |       |        |
|      |        |         |           |               |     |     |       |   |       |        |
|      |        |         |           |               |     |     |       |   |       |        |
|      |        |         |           |               |     |     |       |   |       |        |
|      |        |         |           |               |     |     |       |   |       |        |
|      |        |         |           |               |     |     |       |   |       |        |
|      |        |         |           |               |     |     |       |   |       |        |
|      |        |         |           |               |     |     |       |   |       |        |
|      |        |         |           |               |     |     |       |   |       |        |
|      |        |         |           |               |     |     |       |   |       |        |
|      |        |         |           |               |     |     |       |   |       |        |
|      |        |         |           |               |     |     |       |   |       |        |
|      |        |         |           |               |     |     |       |   |       |        |

# Sumario Estructural

## Frecuencia de Variables

| LOCALIZACIÓN | DETERMINANTES | CONTENIDOS | Resumen del enfoque |
|---|---|---|---|

**LOCALIZACIÓN**

Zf =
Zsum =
W =
D =
W+D =
Dd =
S =

DQ
+ =
o =
v/+ =
v =

**CALIDAD FORMAL**

| FQx | | MQ | | W+D | |
|---|---|---|---|---|---|
| + | = | + | = | + | = |
| o | = | o | = | o | = |
| u | = | u | = | u | = |
| - | = | - | = | - | = |
| sin | = | sin | = | sin | = |

**DETERMINANTES**

*Complejos*

*Sencillos*

M =
FM =
m =
FC =
CF =
C =
Cn =
FC' =
C'F =
C' =
FT =
TF =
T =
FV =
VF =
V =
FY =
YF =
Y =
Fr =
rF =
FD =
F =
(2) =
P =

**CONTENIDOS**

H =
(H) =
Hd =
(Hd) =
Hx =
A =
(A) =
Ad =
(Ad) =
An =
Art =
Ay =
Bl =
Bt =
Cg =
Cl =
Ex =
Fd =
Fi =
Ge =
Hh =
Ls =
Na =
Sc =
Sx =
Xy =
Id =

**Resumen del enfoque**

Lám.    Loc.
I:
II:
III:

**CÓDIGOS ESPECIALES**

| | Nivel 1 | Nivel 2 |
|---|---|---|
| DV | x1 | x2 |
| INC | x2 | x4 |
| DR | x3 | x6 |
| FAB | x4 | x7 |
| ALOG | x5 | |
| CONT | x7 | |

Suma Bruta 6 =
Suma Pond 6 =

| | | | |
|---|---|---|---|
| AB = | CP = |
| AG = | MOR = |
| CFB = | PER = |
| COP = | PSV = |
| GHR = | PHR = |

## Cálculos Numéricos; las Agrupaciones

| Controles | Afectos | Interpersonal |
|---|---|---|
| R =          L = <br> EB = :        EA = <br> eb = :        es = <br> -------------------- <br> FM =    C'=    T = <br> m =      V =    Y = | FC : CF + C =      : <br> C pura = <br> SumC' : SumPondC =        : <br> Afr = <br> S = <br> Complej : R =        : <br> CP = | COP =        AG = <br> GHR : PHR = :  a : p = : <br> Fd = <br> SumT = <br> Contenidos Humanos = <br> H pura = <br> Bt + 2Cl + Ge + Ls + 2Na / R = <br> PER = <br> Bt +2Cl+Ge+Ls+2NA/R = |

| Ideación | Mediación | Procesamiento | Autopercepción |
|---|---|---|---|
| a : p = : <br> Ma : Mp = : <br> 2AB + (Art + Ay) = <br> MOR = <br> Suma Bruta 6 = <br> Nivel 2 = <br> Suma Pond 6 = <br> M- =        Qsin = | XA %      = <br> WDA%      = <br> X-%      = <br> S-%      = <br> P        = <br> X+%      = <br> Xu%      = | Zf = <br> W : D : Dd = : : <br> W : M = : <br> ZSum = <br> PSV = <br> DQ + = <br> DQv = | 3r + (2) / R = <br> Fr + rF = <br> SumV = <br> FD = <br> An + Xy = <br> MOR = <br> H : (H)+HD+(Hd) = : |

## d) Localización de áreas por lámina

*(Según el trabajo realizado por Mattlar
y colaboradores. Finlandia, 1993.)*

# LÁMINA I

**D1**

**D2 / DS2**

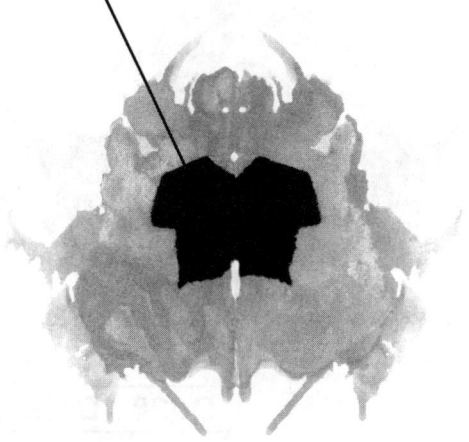
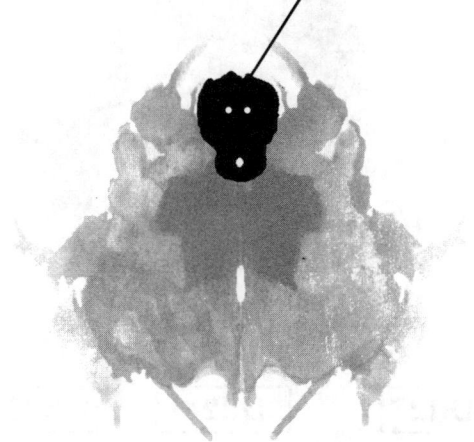

**D3 / DS3**

**D4 / DS4**

**Dd21**

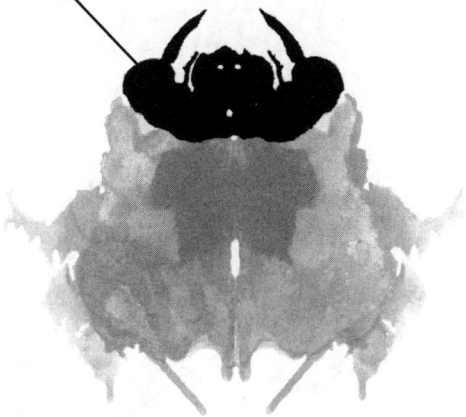
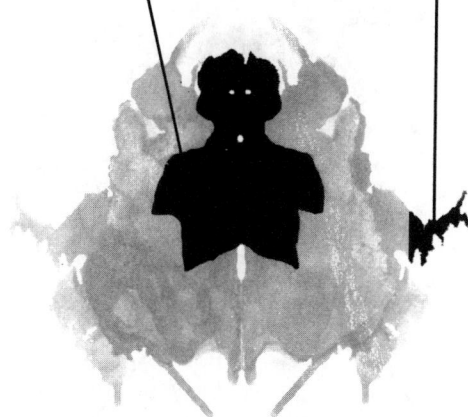

Dd25　DdS22　Dd23

Dd27　Dd24　Dd26

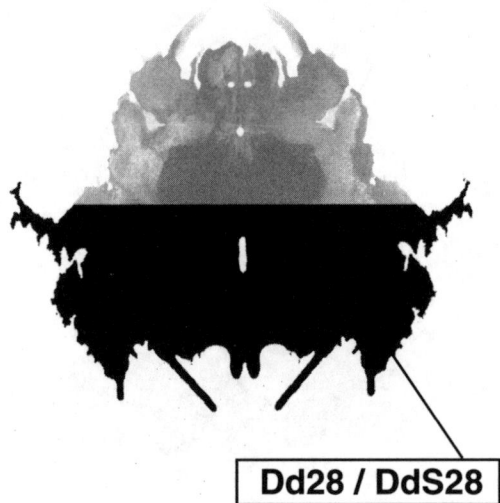

Dd28 / DdS28

Dd 31 / DdS31

Dd29 / DdS29　DdS30

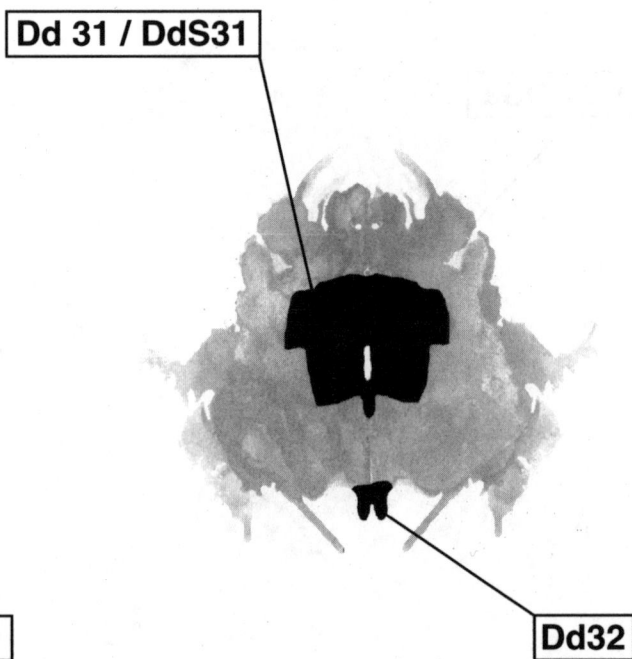

Dd32

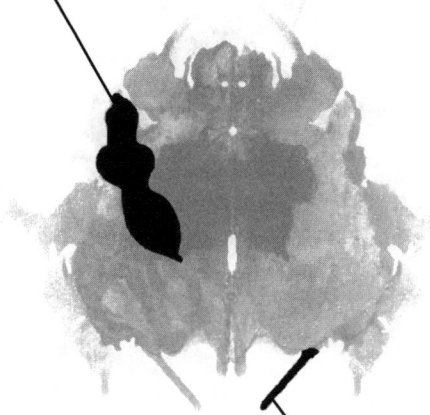

Dd33

Dd34

Dd35 / DdS35

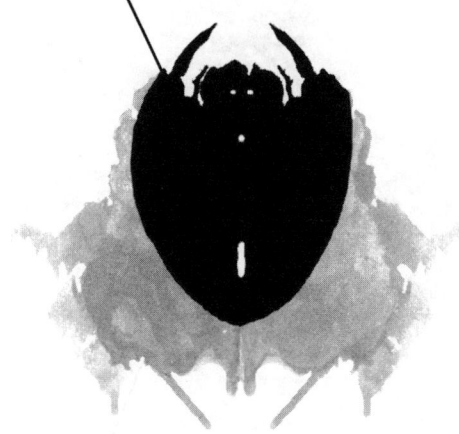

Dd36 / DdS36

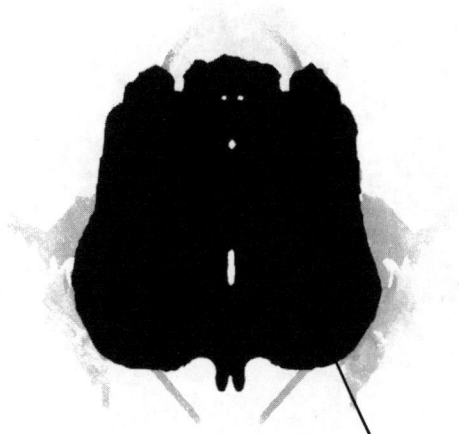

Dd37 / DdS37

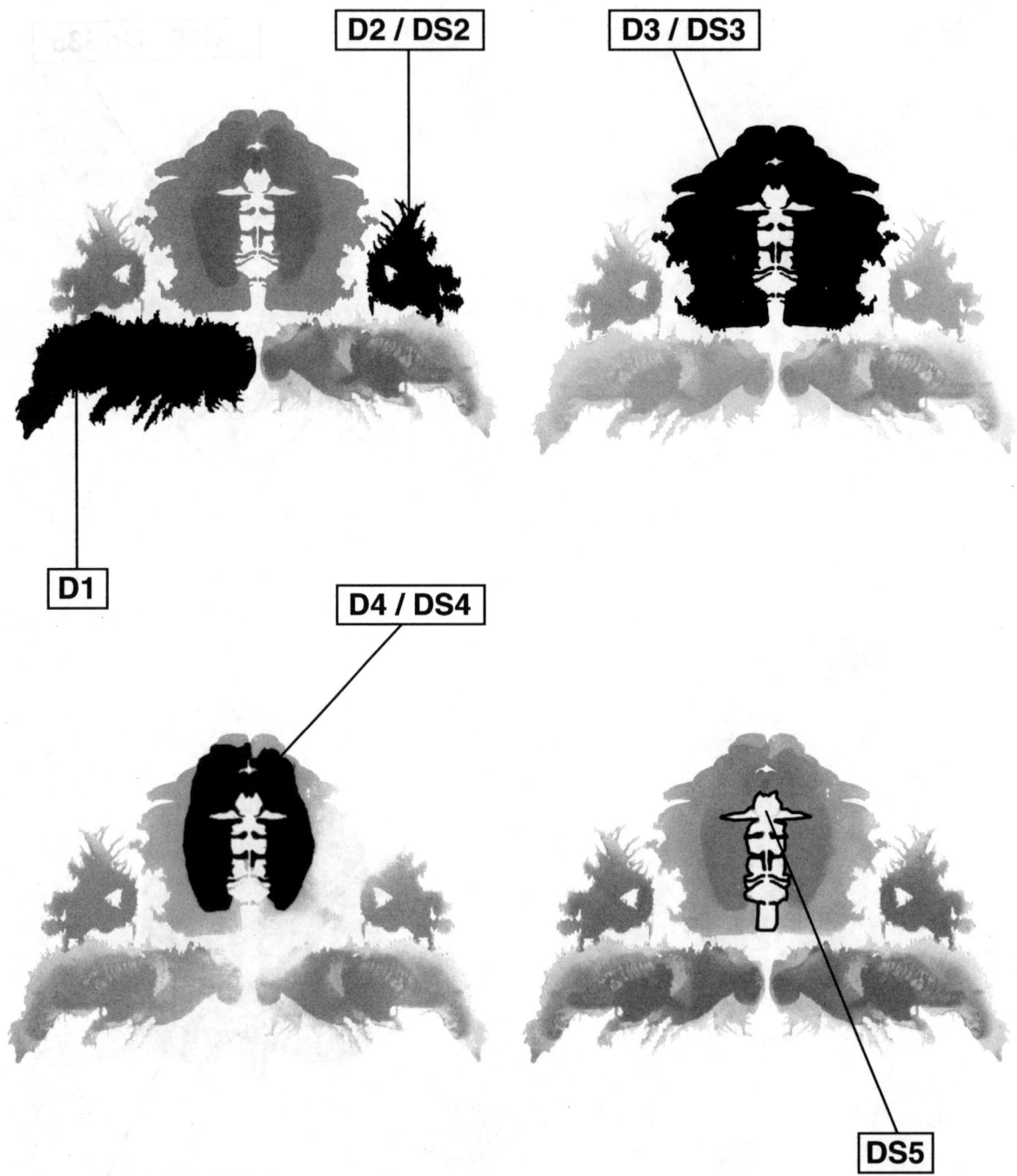

**D6 / DS6**

**D7 / DS7**

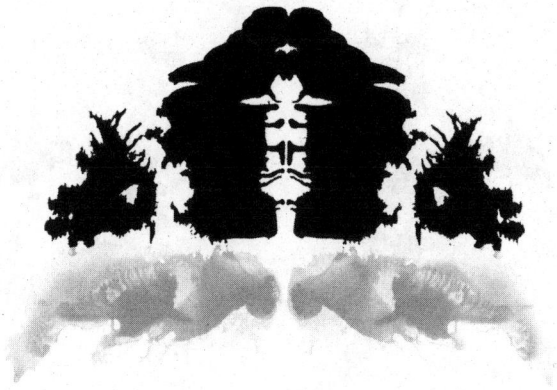

**DdS21**

**Dd23**

**D8 / DS8**

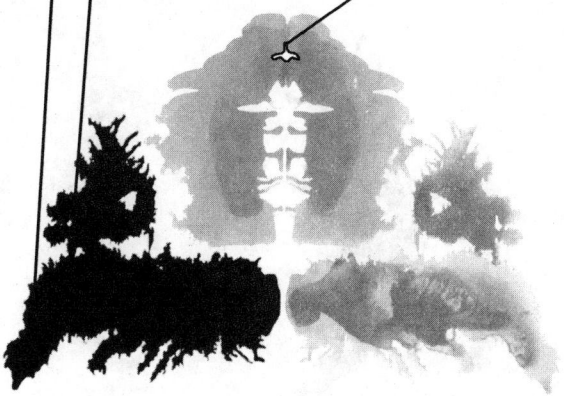

**Dd22**

**DdS24**

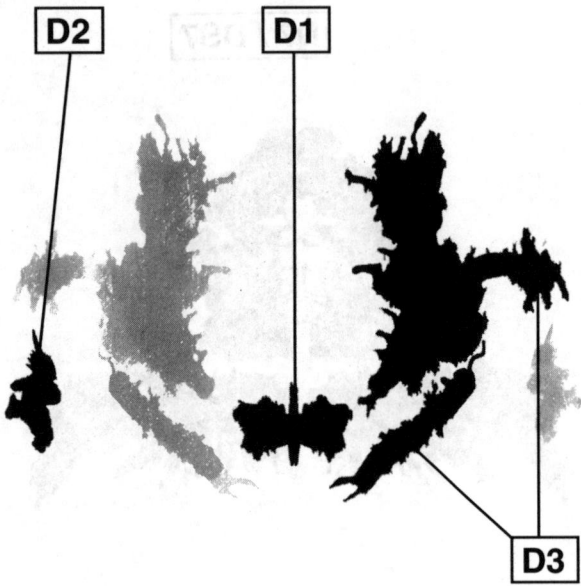

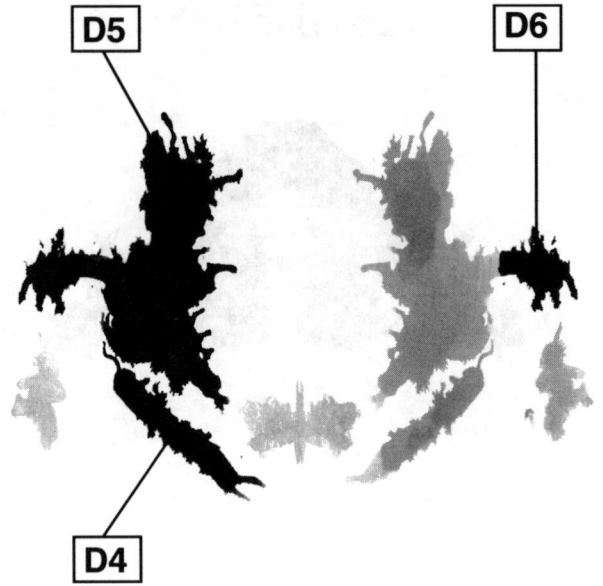

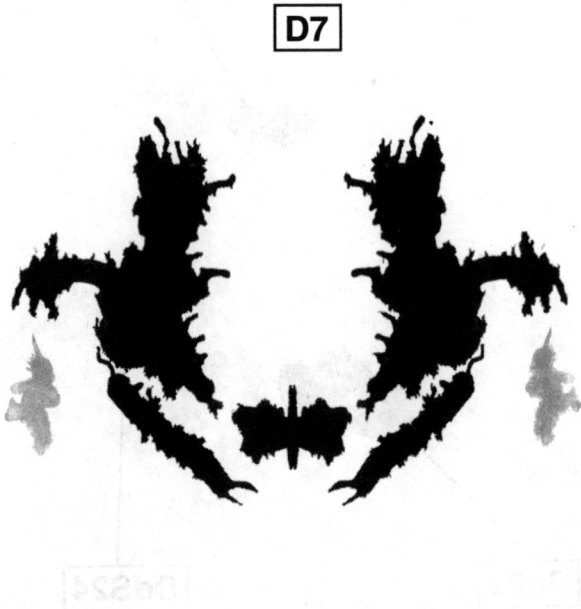

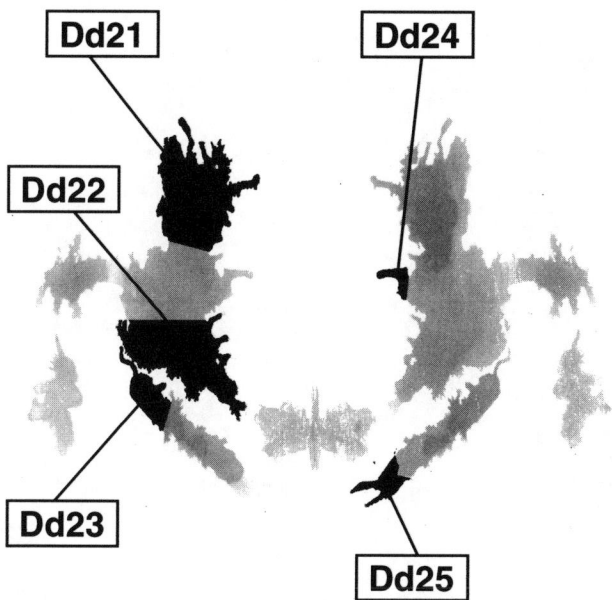

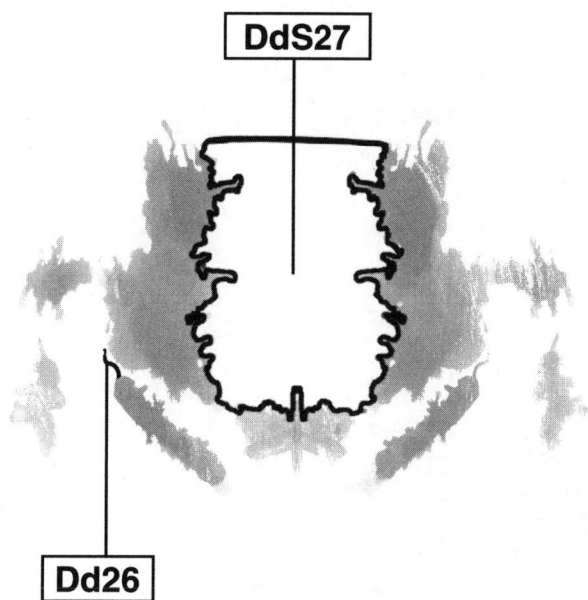

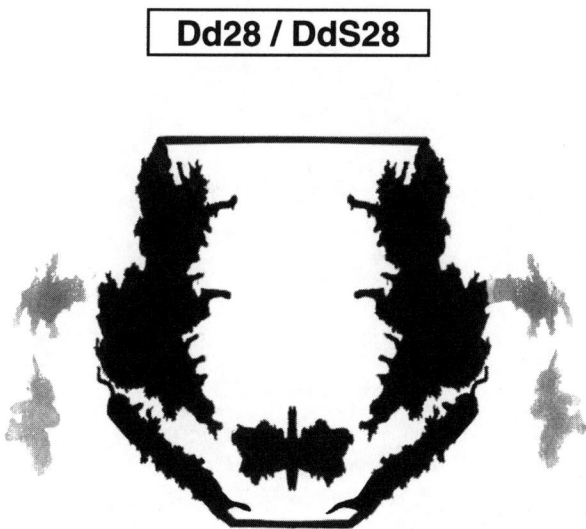

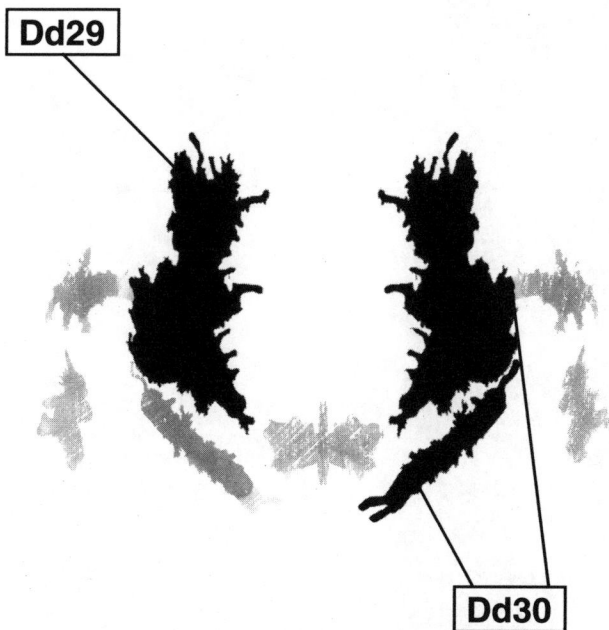

## e) Tabla para la Codificación de la Calidad Formal de las Respuestas

Lista de respuestas de calidad formal *ordinaria* (o), *única* (u), *menos* (-) y *sin* (sin). Valores de Z y respuestas populares de todas las láminas.

Trabajo realizado en base a una muestra de 400 sujetos no pacientes, entre 18 y 55 años, ambos sexos, con estudios secundarios completos, residentes en la Ciudad de Buenos Aires (Zdunic, 2001).

# LÁMINA I

Popular: W = Insecto
D1 = Hoja

ZW = 1.0   ZA = 4.0   ZD = 6.0   ZS = 3.5

| W | | | | | |
|---|---|---|---|---|---|
| Abanico | - | Cueva | u | Paisaje | u |
| Abstracción | u | Durazno | - | Pájaro | - |
| Adorno | u | Elefante | - | <Pájaro rF. | u |
| Afiche | u | Escorpión | - | | |
| Agua | sin | Escudo | u | Pera | - |
| Agujero | u | Esfinge | u | Persona real o | |
| Algo | u | Explosión | u | irreal en escena | o |
| Animal | o | Flor | o | Pintura | u |
| Animales (2) | - | Fondo del mar | u | Pollo abierto | o |
| Antifaz | u | Fósil | u | Rana o sapo | o |
| Antorcha | - | Foto | u | Rata | - |
| Árbol | | Hoja | o | Radiografía | u |
| (copa de árbol: u) | - | Hojas | o | Radiografía | |
| Árboles | u | Hueso | u | específica | - |
| Ave abierta | u | Hueso de pelvis | - | Toro | - |
| Avión | - | Insecto | o | Trébol | - |
| Barrilete | u | *araña* | | Túnel | u |
| Bichos (2) | - | *bicho* | | Útero | - |
| Bife | - | *cascarudo* | | Vértebra | u |
| Bosque | u | *cucaracha* | | | |
| Broche | - | *escarabajo* | | **D1** | |
| Cabeza de insecto | - | *garrapata* | | Blusa o saco | u |
| Cabeza de animal | - | *insecto* | | Cara | - |
| Café | sin | Isla | u | Cabeza de animal | - |
| Cangrejo | o | Mancha | o | Corbata | - |
| Caparazón | u | Manta raya | u | Flor | u |
| Cara | - | Manzana | - | Hoja | o |
| Careta | u | Mapa | o | Hojas | u |
| Casco | - | Mariposa | o | Manzana | - |
| Cerebro | - | Máscara | u | Mariposa | o |
| Cielo | sin | Médula | - | Murciélago | u |
| Ciudad | - | Montañas | u | Persona | - |
| Colgante | u | Mosca | u | Pozo | u |
| Cuero o piel | o | Muelle | - | Pulmones | - |
| Comida | u | Murciélago | o | Trébol | u |
| Construcción | - | Naturaleza | u | Túnel | u |
| Continente | u | Nave espacial | - | Vampiro | u |
| Corazón | - | Nube | o | | |
| Coxis | - | Nuez | | **D2** | |
| Cráneo | - | (nuez abierta: u) | - | Cabeza de animal | o |
| Cráter | u | Osos (espalda | | Cara | o |
| | | con espalda) | - | Escudo | u |

151

> Popular: W = Insecto
> D1 = Hoja
>
> ZW = 1.0   ZA = 4.0   ZD = 6.0   ZS = 3.5

León — -
Máscara — o
Perchero — -

**D3**
Araña — u
Cabeza de animal — u
Cabeza y brazos — u
Cangrejo (parte de) — u
Escarabajo (parte de) — u
Insecto (parte de) — u
Insectos — -
Lechuza — -
Monstruo — u
Persona real o irreal (parte de) — u
Personas — -
Planta — -
Rostro — -

**D4**
Cabeza con cuerpo — u
Cabeza de hormiga — -
Cara de león — -
León — -
Máscara — -
Persona real o irreal — o

**Dd21**
Animal — u
Botas — u
Caballo — -
Canguro — u
Ciervos — u
Gacela — u
Hojas — -
Italia — -
Langosta — -
León — -

Mapa — u
Ramas — u
Tótem — u

**Dd22**
Ojos — u

**Dd23**
Pez — -
Pinza de animal — u

**Dd24**
Cabeza de caracol — -
Mariposa — u
Murciélago — u
Rana — -

**Dd 25**
Cabeza de indio — u
Pájaro (parte de) — u
Personas (parte de) — u

**Dd26**
Mapa — o
Trompetas — -

**Dd27**
alas de mariposa — u
Patos — -
Pera — -
Persona con gorro — -
Pollo (1/4 de) — u
v persona irreal — u

**Dd28**
Murciélago — u
Pollo — u
Nubes de tormenta — u

**Dd31**
Mariposa — u

Vagina — -

**Dd32**
Muela — u
Pies — u
Testículos — -
Ubre — u

**Dd33**
Persona — u

**Dd34**
Palos — u

**Dd35**
Araña — u
Bicho — u
Corazón — -
Escarabajo — u
Mariposa — u
Persona irreal — u
Personas — -
Rx de torax — -

**Dd36**
Sombra — u

**Dd37**
Animal — u
Avión — -
Bosque — u
Cáscara de nuez — u
Corazón — -
Flor — u
Hoja — u
Hojas — u
Hueso — -
Manzana partida — u
Mariposa — u
Persona — -

## LÁMINA II

No tiene respuestas populares

ZW = 5.5   ZA = 3.0   ZD = 3.0   ZS = 4.0

| | | | | | |
|---|---|---|---|---|---|
| **W** | | Búfalo | o | Radiografía | - |
| Adorno | u / - | Cabra | u | Raíces | u |
| Altar | u / - | Castor | u | Roca | u |
| Amanecer | | Cerdo | u | Semilla | u |
| o atardecer | o | Ciervo | u | Tierra | o |
| Arte | o | Comida | u | Tigre | o |
| Avión | - | Cuadro | u | Toro | o |
| Bosque, jardín, | | Cucaracha | u | Troncos | o |
| paisaje o parque | o | Cuernos | u | Vaca | u |
| Cabeza de animal | - | Cuero | u | | |
| Cara | - | Cueva | u | **D2** | |
| Comida | u | Embrión | u | Alga | o |
| Construcción | | Esófago | - | Ameba | u |
| en paisaje | o | Foca | u | Bichos | u |
| Cuadro o dibujo | | Globo | - | Botánica: | o |
| (habitualmente | | Grillo | u | árboles | |
| chino) | o | Gusano | o | arbustos | |
| Escena marina | o | Habano | - | cactus | |
| Flor, flores o | | Hipocampo | u | hojas | |
| parte de flor | o | Hojas | u | musgo | |
| Incendio | u | Insecto | o | planta | |
| Mancha | u | Islas | u | Caballito de mar | - |
| Mariposa | - | Jarrones | - | Caballo con jinete | - |
| Máscara | - | Langostino | u | Cangrejo | - |
| Punta de flecha | - | Larva | o | Caracol | - |
| Rana | - | León | u | Cara | - |
| Recipiente | - | Lobo marino | o | Ciervo | - |
| ∨ cabeza animal | - | Mancha | u | Coral | u |
| ∨ cara | - | Mano | - | Hormiga | - |
| | | Mapa | u | Islas | u |
| **D1** | | Montañas | u | Langosta | - |
| Abeja | o | Mosca | u | Mano | - |
| Alga | u | Nidos | u | Ojo | o |
| Animal | o | Oruga | o | Pez | o |
| Árbol | - | Oso | u | Pulga | u |
| Ardilla | u | Paisaje | u | Puño cerrado | - |
| Armadura | - | Pájaro | - | > caracol | - |
| Bicho | o | Persona real o irreal | o | > personas danzando | u |
| Bigote | u | Pez | u | | |
| Bisonte | o | Piojo | u | **D3** | |
| Botella | - | Polilla | u | Altar | u |
| Buey | o | Pulga | u | Animal | - |

153

## LÁMINA II (continuación)

| | | | | | |
|---|---|---|---|---|---|
| Árbol c/fuego | u | (habitualmente | | Útero | u |
| Amanecer o | | de columna | | ∨  cráneo | u |
| atardecer | o | y pulmones) | o | | |
| Avión | - | Útero | u | **DS5** | |
| Boca | - | Volcán | u | Adorno | u |
| Búfalo | - | > labios | u | Anatómica o | |
| Cabeza, | | | | radiografía de: | |
| cara | | **D4** | | *Columna vertebral* | |
| o máscara | o | Amígdala | u | *Huesos* | |
| Cabeza de león | u | Anatómica o | | *Vértebras* | |
| Cabeza de toro | u | radiografía de: | | *Espinazo* | o |
| Caparazón | u | *Columna vertebral* | | Arte | u |
| Casa | u | *Huesos* | | Cara o máscara | o |
| Cerebro | u | *Pulmones* | | Cara de león | u |
| Construcción | | *Tórax* | o | Construcción | u |
| (habitualmente | | Animal | - | Corazón | - |
| china) | u | Animales (2) | u | Dibujo o escritura | |
| Corazón | o | Arte | u | (primitivo, | |
| Cráneo | u | Boca | u | (Oriental) | o |
| Cueva | u | Caballito de mar | - | Emblema | u |
| Elefantes (2) | u | Embriones | u | Estatua (primitiva, | |
| Embrión | u | Escarabajo | u | (Oriental) | o |
| Escarabajo | u | Cara o máscara | o | Explosión | u |
| Escudo | u | Cara de mamífero | u | Lámpara | u |
| Escultura | u | Carozo | - | Lengua | - |
| Fetos | u | Cerebro | u | Persona | - |
| Flor | u | Ciempiés | - | Flor o flores | o |
| Fuego | u | Construcción | | Hongo atómico | u |
| Garganta | u | (casa, pagoda) | u | Tótem | o |
| Gruta | u | Corazón | o | | |
| Insecto | u | Fetos | u | **D6** | |
| Jarrón | - | Flor | u | Algo sexual | - |
| Manzana cortada | u | Focas | u | Atardecer o paisaje | u |
| Mariposa | u | Insecto | u | Construcción en | |
| Medusa | u | Larvas | u | bosque | u |
| Monos | u | Lengua | - | Flor | u |
| Nariz | - | Manzana partida | u | Frutilla | u |
| Osos | u | Marca de beso | u | Radiografía | u |
| Paisaje | u | Osos | o | | |
| Personas reales | | Personas | o | **D7** | |
| o irreales | o | Pez | - | Chimenea | - |
| Pulmones | o | Piedra preciosa | u | Comida | u |
| Radiografía | | Pollo abierto | - | Cohete | - |

154

## LÁMINA II (continuación)

| No tiene respuestas populares |
|---|
| ZW = 5.5   ZA = 3.0   ZD = 3.0  ZS = 4.0 |

| Construcción | u |
|---|---|
| Flor | u |
| Fuego | u |
| Órganos | u |
| Radiografía | u |
| Trofeo | u |
| ∨ cabeza | - |
| Volcán | u |

**D8**
| Bichos | u |
|---|---|
| Bosque o paisaje | u |
| Cueva | - |
| Figura egipcia | - |
| Flor | u |
| Mapa | u |
| Puerta | - |

**Dd21**
| Espíritu santo | u |
|---|---|
| Gaviota | u |
| Paloma | u |

**Dd22**
| Búfalos | - |
|---|---|
| Caracol | - |
| Foca | - |
| Persona real o irreal | - |

**Dd23**
| Caras | u |
|---|---|
| Personas | - |

## LÁMINA III

| Popular: D1 = Mariposa |
|---|
| D2 = Persona real o irreal |
| D3 = Persona real o irreal |
| ZW = 5.5   ZA = 3.0   ZD = 4.0   ZS = 4.5 |

**W**

| | |
|---|---|
| Abstracción | u |
| Animales | u |
| Árboles | u |
| Atardecer | - |
| Auriculares | - |
| Barco con islas | u |
| Cangrejo | - |
| Cara o cabeza de persona o de animal | - |
| Construcción (a veces con fuego) | o |
| Figura china | u |
| Fuego y humo | u |
| Insecto | - |
| Manchas | u |
| Mapa | u |
| Máscara | - |
| Paisaje en llamas | u |
| Personas reales o irreales, (habitualmente en escena) | o |
| Pieza de máquina | - |
| Pintura | u |
| Ramas | u |
| Recipiente | - |
| Tren con luces | - |
| Volcán | - |
| v aves en escena | - |
| v construcción (a veces con fuego) | u |

**D1**

| | |
|---|---|
| Aguacil | u |
| Árboles | - |
| Avión | - |
| Construcción | u |
| Estrella de mar | - |
| Flor | u |
| Fuego | o |

| | |
|---|---|
| Labios | - |
| Libélula | u |
| Mariposa | o |
| Moño | u |
| Persona en escena | u |
| Hoja | - |

**D2**

| | |
|---|---|
| Animal | u |
| Ardilla | - |
| Cangrejo | - |
| Conejo | u |
| Dragón | u |
| Fuego o llamas | u |
| Gallina | - |
| Hipocampo | - |
| Mariposa | - |
| Mosquito | - |
| Oso hormiguero | - |
| Osos | u |
| Pájaro | o |
| Persona real o irreal | o |
| Sangre | u |
| < dragones | u |
| < foca | u |
| < caballo | u |
| > Animales mamíferos terrestres tales como: | |
| *Chita* | |
| *León* | |
| *Leopardo* | |
| *Perro* | |
| *Tigre* | o |

**D3**

| | |
|---|---|
| Animal | u |
| Árbol | u |
| Caballito de mar | - |
| Calavera | - |

| | |
|---|---|
| Cangrejo | - |
| Flecha | - |
| Herradura | - |
| Hormiga | - |
| Insectos | - |
| Isla o mapa | u |
| Islas Malvinas | - |
| Mandíbula | - |
| Máscara | - |
| Montañas | u |
| Nubes | u |
| Perros | - |
| Persona real o irreal | o |
| Pinzas | - |
| Tridente | - |

**D4**

| | |
|---|---|
| Alacrán | u |
| Animal | u |
| Árbol | u |
| Babosa | u |
| Batata | - |
| Bicho | u |
| Cables | u |
| Caracol | u |
| Ciempiés | u |
| Ciervo | - |
| Cigarros | - |
| Cocodrilo | u |
| Escorpión | u |
| Garra | u |
| Gusano, oruga o lombriz | o |
| Islas | u |
| Lagartija | u |
| Langostino | - |
| Mano o brazo (a veces mecánico) | u |
| Pata de animal | u |
| Pata de cangrejo | u |
| Perro | u |
| Persona real | - |

## LÁMINA III (continuación)

```
Popular: D1 = Mariposa
         D2 = Persona real o irreal
         D3 = Persona real o irreal
    ZW = 5.5   ZA = 3.0   ZD = 4.0   ZS = 4.5
```

| | | | | | |
|---|---|---|---|---|---|
| Persona irreal | u | Fuente | - | Bota, pie o | |
| Pinza o tenaza | | Imán | u |   pata de animal | o |
|   (a veces de animal) | o | Islas | u | Cabeza de camello | u |
| Rata, ratón | u | Máscara | - | Pinzas | - |
| Serpiente | u | Radiografía | u | | |
| Tenedor | u | Taza | - | **Dd25** | |
| Velas | u | Timón | u | Cabeza de águila | u |
| Víbora | u | Útero | - | Galgos | - |
| | | ∨ entrada | u | Garra o pinza | o |
| **D5** | | | | Pata de animal | u |
| Animal | u | **D8** | | Personas | - |
| Árbol | u | Cara | - | | |
| Avestruz | - | Construcción | u | **Dd26** | |
| Avión | - | Olla | - | Cola de rata | u |
| Dragón | - | ∨ lámpara | | | |
| Fuego | u |   con llama | u | **Dd27** | |
| Humo | u | | | Copa de árbol | - |
| Lobos | - | | | Flor | - |
| Mapa | u | **Dd21** | | | |
| Mariposa | - | Cabeza o cara | | **Dd28** | |
| Nubes | u |   de persona real | | Cabeza o cara | |
| Pájaro | - |   o irreal | u | de animal | - |
| Persona real | | Lechuza | - | Cangrejo | - |
|   o irreal | o | Personas | - | Casa | - |
| ∨ personas | u | | | Copa | - |
| | | **Dd22** | | Hojas | - |
| **D6** | | ∨ cabeza de caballo | u | Persona | - |
| Araña | u | ∨ cabeza de dragón | u | Túnel | u |
| Cabeza de animal | - | ∨ Caimanes | u | Útero | - |
| Candelabro | u | ∨ Dragón | u | | |
| Garra, mano | | > animales | u | **Dd29** | |
| o guante | o | | | Bicho | - |
| Pata de gallina | u | **Dd23** | | Caballos acostados | - |
| Tenedor | u | Animales | u | Dragones con fuego | u |
| ∨ trompa de | | Chancho | u | Humo | u |
|   elefante | - | Cocodrilo | - | Jabalí | - |
| | | Cola de ratón | u | Perro | - |
| **D7** | | Perro | u | | |
| Boca | - | Rata o ratón | o | **Dd30** | |
| Cara o cabeza de | | | | Islas Malvinas | - |
|   persona o | | **Dd24** | | Personas | u |
|   de animal | - | Águila | - | ∨ galpón | - |
| Cangrejo | - | | | | |

*f) Estadísticos Descriptivos*

## Estadísticos descriptivos

*Tabla de Estadísticos Descriptivos de 279 adultos residentes
en la Ciudad de Buenos Aires, evaluados en un contexto de Selección de Personal.*

| Variable | media | DT | Mín. | Máx. | Frec. | Mediana | Moda | Asim | Ku |
|---|---|---|---|---|---|---|---|---|---|
| R | 11,92 | 2,48 | 7 | 24 | 279 | 12 | 11 | 0,92 | 1,56 |
| W | 4,05 | 2,71 | 0 | 15 | 265 | 4 | 3 | 0,85 | 0,74 |
| D | 5,73 | 2,45 | 0 | 11 | 274 | 6 | 6 | -0,13 | -0,54 |
| W+D | 9,78 | 2,42 | 3 | 21 | 279 | 10 | 11 | 0,41 | 1,76 |
| Dd | 2,18 | 2,24 | 0 | 13 | 202 | 2 | 0 | 1,49 | 3,01 |
| S | 2,47 | 1,50 | 0 | 8 | 260 | 2 | 2 | 0,75 | 0,88 |
| SQ- | 0,65 | 0,94 | 0 | 5 | 117 | 0 | 0 | 1,75 | 3,68 |
| DQ+ | 4,36 | 2,23 | 0 | 15 | 273 | 4 | 3 | 0,67 | 1,28 |
| DQo | 7,18 | 3,01 | 0 | 17 | 276 | 7 | 9 | 0,17 | -0,16 |
| DQv/+ | 0,15 | 0,41 | 0 | 3 | 36 | 0 | 0 | 3,20 | 12,25 |
| DQv | 0,18 | 0,47 | 0 | 4 | 44 | 0 | 0 | 3,45 | 17,40 |
| FQxo | 5,61 | 2,09 | 1 | 12 | 279 | 5 | 4 | 0,38 | -0,25 |
| FQxu | 4,28 | 2,13 | 0 | 13 | 276 | 4 | 4 | 0,83 | 1,57 |
| FQx- | 1,93 | 1,72 | 0 | 12 | 216 | 2 | 1 | 1,26 | 3,44 |
| FQxsin | 0,05 | 0,23 | 0 | 2 | 13 | 0 | 0 | 4,96 | 26,37 |
| MQo | 1,42 | 1,06 | 0 | 5 | 224 | 1 | 1 | 0,63 | 0,39 |
| MQu | 0,65 | 0,93 | 0 | 5 | 119 | 0 | 0 | 1,72 | 3,44 |
| MQ- | 0,38 | 0,79 | 0 | 5 | 71 | 0 | 0 | 2,88 | 10,42 |
| MQsin | 0,00 | 0,00 | 0 | 0 | 0 | 0 | 0 | 0 | 0 |
| M | 2,53 | 1,77 | 0 | 10 | 256 | 2 | 2 | 1,11 | 1,78 |

$\rightarrow$

*Estadísticos descriptivos* (continuación)

| Variable | media | DT | Mín. | Máx. | Frec. | Mediana | Moda | Asim | Ku |
|---|---|---|---|---|---|---|---|---|---|
| F | 4,44 | 2,49 | 0 | 13 | 269 | 4 | 4 | 0,49 | 0,10 |
| FM | 1,43 | 1,32 | 0 | 6 | 203 | 1 | 1 | 0,96 | 0,50 |
| m | 0,68 | 0,92 | 0 | 4 | 124 | 0 | 0 | 1,36 | 1,40 |
| FC | 0,69 | 0,85 | 0 | 4 | 135 | 0 | 0 | 1,13 | 0,75 |
| CF | 1,30 | 1,15 | 0 | 5 | 196 | 1 | 1 | 0,76 | 0,31 |
| C | 0,21 | 0,49 | 0 | 3 | 49 | 0 | 0 | 2,52 | 6,74 |
| Cn | 0,00 | 0,00 | 0 | 0 | 0 | 0 | 0 | 0 | 0 |
| SumC | 2,20 | 1,42 | 0 | 6 | 253 | 2 | 1 | 0,46 | -0,42 |
| Sum PonC | 1,96 | 1,38 | 0 | 6,5 | 253 | 2 | 1 | 0,69 | 0,11 |
| Sum C' | 0,64 | 0,93 | 0 | 4 | 114 | 0 | 0 | 1,50 | 1,81 |
| Sum T | 0,33 | 0,64 | 0 | 3 | 70 | 0 | 0 | 2,18 | 4,83 |
| Sum V | 0,57 | 0,87 | 0 | 5 | 111 | 0 | 0 | 2,05 | 5,58 |
| Sum Y | 0,84 | 1,00 | 0 | 5 | 143 | 1 | 0 | 1,13 | 0,93 |
| Sum SH | 1,74 | 1,50 | 0 | 8 | 216 | 2 | 2 | 1,07 | 1,52 |
| Fr | 0,14 | 0,43 | 0 | 3 | 32 | 0 | 0 | 3,41 | 12,72 |
| FD | 0,93 | 1,06 | 0 | 5 | 158 | 1 | 0 | 1,26 | 1,58 |
| F | 4,44 | 2,48 | 0 | 13 | 269 | 4 | 4 | 0,50 | 0,12 |
| (2) | 4,67 | 1,84 | 0 | 10 | 278 | 5 | 5 | 0,43 | 0,11 |
| 3r+(2)/R | 0,43 | 0,17 | 0,08 | 1 | 279 | 0,42 | 0,33 | 0,67 | 0,96 |
| Lambda | 0,76 | 0,75 | 0 | 8 | 269 | 0,57 | 0,50 | 4,07 | 31,06 |
| FM+m | 2,11 | 1,53 | 0 | 7 | 239 | 2 | 1 | 0,55 | -0,37 |
| EA | 4,49 | 2,29 | 0 | 13 | 276 | 4 | 3 | 0,77 | 1,06 |

$\rightarrow$

## Estadísticos descriptivos *(continuación)*

| Variable | media | DT | Mín. | Máx. | Frec. | Mediana | Moda | Asim | Ku |
|---|---|---|---|---|---|---|---|---|---|
| es | 4,48 | 2,56 | 0 | 12 | 273 | 4 | 5 | 0,50 | -0,12 |
| a(activo) | 2,93 | 1,76 | 0 | 10 | 263 | 3 | 2 | 0,82 | 1,06 |
| p(pasivo) | 1,65 | 1,39 | 0 | 7 | 213 | 1 | 1 | 0,79 | 0,63 |
| Ma | 1,73 | 1,34 | 0 | 7 | 231 | 2 | 2 | 1,03 | 1,65 |
| Mp | 0,77 | 0,96 | 0 | 6 | 142 | 1 | 0 | 1,54 | 3,41 |
| Intelec | 0,83 | 1,24 | 0 | 6 | 124 | 0 | 0 | 1,94 | 4,04 |
| Zf | 6,89 | 2,68 | 1 | 20 | 279 | 7 | 8 | 0,56 | 1,60 |
| Zsum | 24,51 | 11,20 | 1 | 72 | 279 | 23 | 32,5 | 0,67 | 0,78 |
| Complejas | 2,38 | 1,80 | 0 | 10 | 238 | 2 | 2 | 0,89 | 1,01 |
| Complej/R | 0,20 | 0,15 | 0 | 0,72 | 238 | 0,18 | 0 | 0,74 | 0,34 |
| ComplCSH | 0,37 | 0,64 | 0 | 4 | 83 | 0 | 0 | 2,11 | 5,71 |
| Populares | 3,16 | 1,30 | 0 | 7 | 274 | 3 | 3 | 0,12 | -0,16 |
| X+% | 0,48 | 0,17 | 0,09 | 1 | 279 | 0,45 | 0,5 | 0,33 | -0,35 |
| XA% | 0,83 | 0,14 | 0,36 | 1,1 | 279 | 0,85 | 1 | -0,66 | 0,05 |
| WDA% | 0,86 | 0,16 | 0 | 2 | 278 | 0,88 | 1 | 0,16 | 11,64 |
| X-% | 0,16 | 0,13 | 0 | 0,62 | 216 | 0,13 | 0 | 0,69 | -0,06 |
| Xu% | 0,36 | 0,15 | 0 | 0,76 | 276 | 0,33 | 0,33 | 0,21 | -0,22 |
| Aislam./R | 0,26 | 0,19 | 0 | 1,31 | 261 | 0,22 | 0 | 1,67 | 5,06 |
| H | 2,09 | 1,56 | 0 | 10 | 242 | 2 | 2 | 1,37 | 4,07 |
| (H) | 0,49 | 0,71 | 0 | 3 | 105 | 0 | 0 | 1,42 | 1,56 |
| Hd | 0,75 | 1,02 | 0 | 5 | 131 | 0 | 0 | 1,61 | 2,71 |
| (Hd) | 0,24 | 0,48 | 0 | 3 | 61 | 0 | 0 | 2,07 | 4,77 |

$\longrightarrow$

## Estadísticos descriptivos *(continuación)*

| Variable | media | DT | Mín. | Máx. | Frec. | Mediana | Moda | Asim | Ku |
|---|---|---|---|---|---|---|---|---|---|
| Hx | 0,07 | 0,30 | 0 | 2 | 17 | 0 | 0 | 4,50 | 21,39 |
| Todos H | 3,61 | 2,04 | 0 | 14 | 272 | 3 | 3 | 1,08 | 2,47 |
| A | 3,67 | 2,12 | 0 | 20 | 275 | 4 | 4 | 2,07 | 12,18 |
| (A) | 0,11 | 0,34 | 0 | 2 | 30 | 0 | 0 | 2,96 | 8,52 |
| Ad | 0,71 | 0,97 | 0 | 5 | 125 | 0 | 0 | 1,48 | 2,14 |
| (Ad) | 0,05 | 0,21 | 0 | 1 | 13 | 0 | 0 | 4,33 | 16,83 |
| An | 0,46 | 0,76 | 0 | 4 | 93 | 0 | 0 | 1,80 | 3,16 |
| Art | 0,40 | 0,69 | 0 | 3 | 84 | 0 | 0 | 1,77 | 2,72 |
| Ay | 0,18 | 0,43 | 0 | 3 | 45 | 0 | 0 | 2,67 | 8,76 |
| Bl | 0,05 | 0,26 | 0 | 2 | 13 | 0 | 0 | 5,20 | 29,16 |
| Bt | 1,58 | 1,18 | 0 | 5 | 236 | 1 | 1 | 0,88 | 0,61 |
| Cg | 0,60 | 0,86 | 0 | 5 | 116 | 0 | 0 | 1,68 | 3,45 |
| Cl | 0,10 | 0,35 | 0 | 3 | 25 | 0 | 0 | 4,19 | 22,45 |
| Ex | 0,04 | 0,20 | 0 | 2 | 9 | 0 | 0 | 6,23 | 42,65 |
| Fd | 0,22 | 0,51 | 0 | 4 | 53 | 0 | 0 | 2,92 | 12,27 |
| Fi | 0,32 | 0,58 | 0 | 3 | 74 | 0 | 0 | 1,76 | 2,54 |
| Ge | 0,20 | 0,72 | 0 | 10 | 43 | 0 | 0 | 9,80 | 128,03 |
| Hh | 0,27 | 0,53 | 0 | 3 | 64 | 0 | 0 | 2,19 | 5,46 |
| Ls | 0,52 | 0,78 | 0 | 5 | 109 | 0 | 0 | 1,86 | 4,76 |
| Na | 0,27 | 0,81 | 0 | 10 | 52 | 0 | 0 | 7,10 | 75,18 |
| Sc | 0,46 | 0,76 | 0 | 5 | 93 | 0 | 0 | 2,03 | 5,53 |
| Sx | 0,05 | 0,26 | 0 | 3 | 11 | 0 | 0 | 7,32 | 67,78 |

→

Estadísticos descriptivos *(continuación)*

| Variable | media | DT | Mín. | Máx. | Frec. | Mediana | Moda | Asim | Ku |
|---|---|---|---|---|---|---|---|---|---|
| Xy | 0,12 | 0,35 | 0 | 2 | 32 | 0 | 0 | 2,82 | 7,57 |
| Id | 0,58 | 0,88 | 0 | 4 | 106 | 0 | 0 | 1,50 | 1,69 |
| DV | 0,47 | 0,76 | 0 | 4 | 95 | 0 | 0 | 1,78 | 3,44 |
| INCOM | 0,07 | 0,26 | 0 | 1 | 20 | 0 | 0 | 3,34 | 9,21 |
| DR | 1,31 | 1,54 | 0 | 8 | 175 | 1 | 0 | 1,58 | 2,60 |
| FABCOM | 0,12 | 0,38 | 0 | 3 | 30 | 0 | 0 | 3,67 | 16,57 |
| DV2 | 0,03 | 0,23 | 0 | 3 | 7 | 0 | 0 | 9,40 | 105,72 |
| INC2 | 0,02 | 0,15 | 0 | 1 | 6 | 0 | 0 | 6,63 | 42,30 |
| DR2 | 0,06 | 0,34 | 0 | 4 | 10 | 0 | 0 | 7,79 | 72,00 |
| FAB2 | 0,06 | 0,26 | 0 | 2 | 14 | 0 | 0 | 4,97 | 26,58 |
| ALOG | 0,21 | 0,50 | 0 | 3 | 48 | 0 | 0 | 2,54 | 6,55 |
| CONTAM | 0,00 | 0,00 | 0 | 0 | 0 | 0 | 0 | 0 | 0 |
| Sum6CEE | 2,35 | 2,14 | 0 | 12 | 229 | 2 | 1 | 1,42 | 2,76 |
| Sum6CE2 | 0,18 | 0,54 | 0 | 4 | 36 | 0 | 0 | 3,53 | 14,66 |
| SumPond 6 | 6,95 | 7,11 | 0 | 44 | 230 | 5 | 0 | 1,70 | 3,85 |
| AB | 0,13 | 0,43 | 0 | 3 | 27 | 0 | 0 | 4,08 | 18,96 |
| AG | 0,32 | 0,56 | 0 | 3 | 76 | 0 | 0 | 1,71 | 2,65 |
| CFB | 0,06 | 0,26 | 0 | 2 | 14 | 0 | 0 | 4,97 | 26,58 |
| COP | 0,41 | 0,70 | 0 | 4 | 83 | 0 | 0 | 1,81 | 3,29 |
| CP | 0,01 | 0,08 | 0 | 1 | 2 | 0 | 0 | 11,75 | 136,97 |
| MOR | 0,87 | 1,13 | 0 | 7 | 139 | 1 | 0 | 1,65 | 3,80 |
| PER | 1,22 | 2,19 | 0 | 30 | 162 | 1 | 0 | 8,57 | 107,84 |
| PSV | 0,08 | 0,29 | 0 | 2 | 22 | 0 | 0 | 3,50 | 12,09 |

# Bibliografía

Alessandro de Colombo, M. y otros: *El psicodiagnóstico de Rorschach. Interpretación,* Buenos Aires, Klex, 1993.

De Ansorena Cao, Álvaro: *15 pasos para la selección de personal con éxito. Método e instrumentos,* Buenos Aires, Paidós, 1996.

Exner, John E.: *The Rorschach Systems*, Nueva York, Grune & Stratton, 1969.

Exner, John E. (Jr.): *El Rorschach. Un sistema comprehensivo,* Madrid, Psimática, 1994.

—: *Manual de codificación del Rorschach. Para el Sistema Comprehensivo*, Madrid, Psimática, 1995.

Exner, John E. (Jr.) y Sendín, Concepción: *Manual de interpretación del Rorschach. Para el Sistema Comprehensivo*, Madrid, Psimática, 1995.

Filipi G. Codarini y cols.: "Respuestas populares, semipopulares, índice de realidad", Investigación presentada en el Congreso de Rorschach, Boston, 1996, Publicación de la Facultad de Psicología, UBA.

Fuster Pérez, Jaime: *Conocer el Rorschach*, Valencia, Promolibro, 1995.

García Arzeno, M. E.: *Nuevas aportaciones al psicodiagnóstico clínico*, Buenos Aires, Nueva Visión, 1993.

Klopfer, Bruno: *Manual introductorio de la técnica del Rorschach*, Buenos Aires, Paidós, 1977.

Mattlar, Carl-Erik; Forsander, Camilla; Norrlund, Laila; Carlason, Anette; Vesala, Päivi; Öiste, Ann-Sofi y Uhinki, Ailo: *A Zulliger Workbook for Applying the Rorschach Comprehensive System*, Turku (Finlandia), The Research and Development Unit, Social Insurance Institution, 2a ed., 1993.

Ocampo, María Luisa Siquier de; García Arzeno, M. Esther y otros: *Las técnicas proyectivas y el proceso psicodiagnóstico*, Buenos Aires, Nueva Visión, 1974.

Passalacqua, A. y cols.: *El psicodiagnóstico de Rorschach. Sistematización y nuevos aportes*, Buenos Aires, Klex, 1994.

Passalacqua, Alicia y Gravenhorst, María: *Los fenómenos especiales en Rorschach*, Buenos Aires, Psiqué, 1996.

Richino, Susana: *Selección de personal*, Buenos Aires, Paidós, 1996.

Rorschach, Hermann: *Psicodiagnóstico*, Buenos Aires, Paidós, 1972.

Sainz, Francisco y Gorospe, Lourdes: *El test de Rorschach y su aplicación en la psicología de las organizaciones*, Buenos Aires, Paidós, 1994.

Uhinki, Ailo: *Distress of Unemployed Job-seekers. Described by the Zulliger Test Using the Comprehensive System*, University of Jyväskylä, Jyväskylä, 1996.

Vinet, Eugenia: "Aportes de la Psicología Transcultural a la interpretación del Test de Rorschach en Iberoamérica", trabajo presentado en la Mesa Redonda "Teoría, Cultura y Estudios Normativos", X Congreso Latinoamericano de Rorschach y otras Técnicas Proyectivas, Santiago, Chile, septiembre de 1998.

Weigle, Cristina: *El psicólogo evaluador en el campo laboral*, Buenos Aires, Ediciones del Autor, 1996.

Zdunic, Angélica; Celle, Mercedes; Czalbowski, Sofía; Díaz, María M.; González Hren, Carolina; Marcheggiano, Delia; Marino, Silvia; Talarico Pinto, Irene y Wells, Irma: "El Test de Zulliger utilizando el Sistema Comprehensivo de Exner", Trabajo libre presentado en el X Congreso Latinoamericano de Rorschach y otras Técnicas Proyectivas, septiembre de 1998, Santiago, Chile.

Zdunic, Angélica; Baldan, Silvina; Celle, Mercedes; Czalbowski, Sofía; Diana, Marisa; Díaz, María M.; González Hren, Carolina; Marcheggiano, Delia; Marino, Silvia; Rosario, Silvina; Talarico Pinto, Irene; Tutak, Marta y Wells, Irma: "El Test de Zulliger utilizando el Sistema Comprehensivo de Exner", trabajo presentado en el V Congreso de la Asociación Europea de Rorschach, Madrid, 1998.

Zdunic, Angélica: "El test de Zulliger SC. Datos descriptivos de una muestra de 400 sujetos no pacientes", XI Congreso Latinoamericano de Rorschach y otras Técnicas Proyectivas, Rosario, 2001.

Zulliger, Hans: *El Test Z, un test individual y colectivo*, Buenos Aires, Kapelusz, 1970.